Robin Mendez

Keine Wurzeln, keine Flügel

Pubertät im Ausland bewusst begleiten

Impressum

ISBN 9783754673485

Erstpublikation 2022

Originaltitel: Ohne Wurzeln keine Flügel

Autor: Robin Mendez

c/o Block Services

Stuttgarter Str. 106

70736 Fellbach

Umschlagbild: DulceMa Tiznado

veröffentlicht über tolino media

Herstellung und Druck über tolino media GmbH & Co. KG,
Albrechtstr. 14, 80636 München. Printed in Germany.
Fragen zu Produktsicherheit an: gpsr@tolino.media.

INHALTSVERZEICHNIS

VORWORT

Dieses Buch ist eigentlich eine wissenschaftliche Ausarbeitung, die Veröffentlichung war mitnichten geplant. Den Impuls dazu gab letztendlich ein Spiegelartikel. Der Spiegel hatte eine Serie mit deutschen Auswanderern gemacht u.a. einen mit dem Titel *„Wie ein Auswanderer mit 63 den Neustart in Bayern wagt"*[1]. Beschrieben wird ein Mann, der im Ausland in leitender Position tätig war und sich jetzt wieder in der Heimat, in einem abgelegenen Bergdorf, niedergelassen hat. Dabei wird der 63-Jährige durchweg positiv beschrieben *„von einem der auszog, Asien zu erobern"* und der 600 Leute unter sich hatte, erfolgreich, dynamisch und offen, ja sogar philosophisch geht es da zu: kein Land sei besser als das andere, man könne überall gut leben. Jegliche Selbstreflektion und Offenheit enden jedoch bei den eigenen Kindern. Man erfährt, dass diese, 17 und 18 Jahre alt, ihre Heimat nicht freiwillig verlassen haben, abwertend heißt es *„sie weinen Bangkok und Saigon noch immer hinterher"* und der Schulwechsel sei *„nicht leicht"* gewesen, eines besuche nun eine Schule im Nachbarland Österreich, das andere die Montessorischule.

Und dann kommt der für diese Publikation ausschlaggebende Satz: Beide seien mit Hausangestellten aufgewachsen, da dies dort normal sei *„ein Realitätscheck tut da ganz gut, sonst wird das Leben später schwierig"*.

In diesem Satz steckt die geballte Brutalität und Ignoranz auswandernder Eltern, deren Kinder zwar in einem anderen Werte- und Kulturumfeld aufwachsen, die sich aber jederzeit das Recht nehmen, eine Zwangsumsiedelung vorzunehmen. Dabei wird die bisherige Lebensrealität der Jugendlichen bestenfalls belächelt, ihre Persönlichkeitsentwicklung abgewertet; dies gestützt durch die Rückkehr in ein Werteumfeld, in dem sie, die Eltern, selbst aufgewachsen sind und prima harmonieren, welche den jungen Erwachsenen aber völlig fremd ist. Das Umfeld demontiert dann oft den Rest der gerade sich bildenden Persönlichkeit, vor allem wenn die Betreffenden sich körperlich nicht von der Mehrheitsbevölkerung unterscheiden. Was für andere Jugendliche selbstverständlich ist: die Unterstützung der Eltern in ein selbstbestimmtes Leben, kehrt sich ins Gegenteil.

Natürlich geht es hier vordergründig nur um eine Kleinigkeit - Hauspersonal, ja oder nein - aber die Annahme, die eigene Lebensrealität sei die einzig Richtige, ist auch unter vermeintlich selbstreflektierten Akademikern weit verbreitet. Auch eine Rückkehr der betroffenen jungen Erwachsenen in die Umgebung, die von ihnen selbst als Heimat empfunden wird, wird in diesem Satz des Spiegelartikels gedanklich im Vorhinein ausgeschlossen *„sonst wird das Leben später schwierig"* - gemeint ist hier ausschließlich das Leben in dem vom Vater gewählten Umfeld. Die Option, die eigenen Kinder z. B. in ihrem heimatlichen Umfeld studieren / heiraten zu lassen, kommt hier nicht mal gedanklich vor, die Lebensrealität der jungen Leute wird geleugnet, es gibt nur noch eine gültige: die der Eltern. Alles andere kommt nicht in Frage.

Das finden Sie jetzt alles nicht so gravierend? Da müssen ein paar junge Leute, auch noch gut situiert, halt mal umziehen? Wenn wir diese Geschichte in einem anderen kulturellen Kontext nacherzählen, wird das Ganze vielleicht deutlicher:

Ali ist ein erfolgreicher Gastarbeiter, sein Haus in Anatolien ist nun - nach fast zwei Jahrzehnten - fertig, im Sommer plant er die Rückkehr mit seiner Familie. Zeynep, seine 15-jährige Tochter, soll dann gleich im Sommer mit dem Cousin Ahmet verheiratet werden, so wie es seit langem vereinbart war. Aber leider ‚weint Zeynep Deutschland immer noch hinterher‘ und es habe Diskussionen gegeben wegen so etwas wie ‚Schulabschluss und Ausbildung‘, da tut doch ein Realitätscheck ganz gut, sonst wird das Leben später schwierig, und Zeynep wird sicher eine gute Frau. Ali sieht eine gute Zukunft für Zeynep in der ‚Heimat‘. Schließlich ist Ahmet genau der richtige für seine Tochter und die Familie wohnt auch ganz nah.

Kommt jetzt die Empörung und die Argumentation mit unseren Wertvorstellungen? Höre ich da Zwangsheirat, Menschenrechte, Persönlichkeitsentfaltung und das Recht auf Bildung? Lassen Sie die Empörung sein und wechseln Sie die Perspektive, hüten Sie sich vor der Verurteilung dessen, was Ihnen fremd erscheint, auch wenn es das eigene Kind sein sollte.

Sie sollten erkennen: Den Jugendlichen ist dasselbe widerfahren. Zwangsumsiedlung und Zwangsanpassung, wahrscheinlich leiden alle Beteiligten lebenslang unter dem Biographiebruch, aber erst wenn eigene Werte verletzt werden, wird die Brutalität erkannt und die relative Realität von Kultur und Persönlichkeitsentwurf kann erahnt werden. Wäre unsere Zeynep im Heimatort ihres Vater aufgewachsen, hätte sie sich wahrscheinlich über die gut geplante Hochzeit gefreut, sie wäre in ihr Umfeld hineingewachsen und hätte sich dort gemessen an den dortigen Maßstäben entwickelt - wie ein Fisch im Wasser. Nicht wie die innerlich zerrissene Zeynep, die sich ihr Leben lang fragt, wie ihr Leben hätte ausschauen können mit Schulabschluss und Ausbildung - in Deutschland. Ob Kinder und Jugendliche mit Auslandserfahrung glücklich werden können, ob es eine Bereicherung darstellt oder eine Belastung, darauf haben sie selbst in den meisten Fällen gar keinen Einfluss.

Diese seelischen Übergriffe auf die Persönlichkeitsentwicklung haben nach den hier zusammengetragenen Informationen lebenslange Konsequenzen für die Betroffenen - und da geht es nicht mehr um die Entscheidung, ob Haushaltshilfen normal oder nicht normal sind, sondern um tiefgreifende Prozesse der Entwicklungspsychologie, die verletzt oder verhindert wurden.

Dieses Werk wurde also publiziert, um die Zusammenhänge zwischen Persönlichkeitsentwicklung und dem Komplex Kultur/Werte/Umfeld näher zu beleuchten und so betroffene Kinder und Jugendliche vor Leid zu bewahren. Fast hätte ich als Untertitel ‚*Handbuch für auswandernde Eltern*' gewählt, dafür ist das Werk allerdings zu wenig praktisch und die Studien oder Recherchen sind statistisch nicht aufbereitet, ihr Umfang ist zu klein, um solide, bahnbrechende Erkenntnisse zu liefern. Ich selbst kenne aber viel mehr Fälle, als hier erfasst werden konnten. Immer häufiger wird mir im Dialog mit meinem Umfeld bewusst, dass auch eine andere Gruppe – allerdings als Kollektiv, nicht allein – eine gebrochene Biographie aufweist: es sind die, die zur Zeit des Mauerfalls im entwicklungsrelevanten Zeitraum waren. Junge Menschen, deren Lebensrealität auf dem Kopf stand, deren Zukunft so viele Unbekannte aufwies, dass Planung kaum möglich war und der Verlust von Vertrautem allgegenwärtig.

Oft wird man die eher schwerfällige Struktur der wissenschaftlichen Arbeit als leseflussstörend empfinden, es ist ein Werk für Betroffene und Interessierte, das Thema selbst soll den geneigten Leser fesseln.

Wenigsten einigen selbstreflektierten Auswanderern mit Kindern - so ist die Hoffnung - kann ich die Situation von jungen Erwachsenen mit Biographiebruch näherbringen.

1. EINLEITUNG

Die globalisierte Welt ist eng verzahnt, nicht nur Geld, Waren und Konzepte sind mobil, auch Menschen arbeiten zunehmend im globalen Kontext. Für viele Berufsgruppen wie z. B. das Militär, Diplomaten oder andere Führungskräfte gehören Auslandsaufenthalte seit langem zum normalen Berufsleben und Kinder werden mit wachsender Selbstverständlichkeit von den Ausreisewilligen ‚Expatriates' mitgenommen. Eine Auslandserfahrung für Kinder und Jugendliche, das ist etwas Großartiges, Prägendes, eine Erfahrung, die die Jugendlichen weiterbringt, so die vorherrschende Meinung. So wird z. B. über Schüler im Austauschjahr oder junge Leute mit gap-Jahr-Erfahrung gesagt, sie seien reifer und selbstbewusster zurückgekehrt. Die Diplom-Psychologin Gelitz äußert sich in einem Artikel der Zeitschrift Spektrum ähnlich *„…sie kehren umgänglicher und ausgeglichener zurück*" und *„denken und urteilen offenbar flexibler über ihre Umwelt*".[2] Tatsächlich habe ich Ähnliches selbst als Privatlehrer beobachten können, Jugendliche, die ein Jahr fort waren, kommen ungleich in sich gestärkt und mit einem anderen Blickwinkel auf die Welt zurück.

Was sorgt denn nun dafür, dass ein Mensch sein Umfeld sein Zuhause nennen kann? Was ist der Unterschied, wenn man in eine Kultur hineinwächst oder diese selbst für sich wählt?

Wie ergeht es Jugendlichen, die die Heimat oder das Umfeld ihrer Wahl verlassen müssen, ohne darauf Einfluss zu haben oder ohne dass ihr soziales Umfeld ihre eigenen Ideen und Gedanken berücksichtigt. Kann das zu dauerhaften Einbußen der Lebensqualität führen, zu einer sogenannten Entwurzelung?

Wie könnte man die Gefahr für Jugendliche und Kinder, die mit den Eltern auswandern oder temporär ins Ausland gehen, entschärfen?

Diese Fragen haben ich mir als Mutter und selbst Betroffene immer wieder gestellt. Als Mutter habe ich die klare Entscheidung getroffen, diese Entwurzelung für mein Kind abzulehnen. Als Jugendliche habe ich etwas Ähnliches erfahren wie Manny, der Held des Romans „(UN-)ARRANGED MARRIAGE“[3]. Nach der Formulierung meiner Studienwünsche wurde mir die Zwangsrückkehr ins Passland der Eltern angedroht unter Versagen aller finanziellen Hilfen für ein Studium meiner Wahl. Und das, obwohl die Eltern Lehrer, dann wohl auch Pädagogen, sind. Unter dieser erdrückenden Drohung ist man fast außerstande, einen klaren Gedanken zu fassen, sich zu konzentrieren, in die Zukunft zu schauen, denn die wird es ja nicht geben, bzw. keine, auf die man sich freuen kann, die man wählen darf. Sie wird einem genommen. Ob und wie man sich dauerhaft mit solch einem Start ins Leben arrangieren kann, die Frage ließ mich nicht mehr los. Geht es anderen wie mir? ‚Verstehen‘ sich Generationen im wahrsten Sinne des Wortes nicht mehr, weil sie die Welt durch einen andere (kulturelle) Perspektive wahrnehmen? Sind ihre Wertevorstellung so auseinandergedriftet oder standen schlicht eigene Bedürfnisse im Vordergrund, waren die Bedürfnisse des Kindes gleichgültig?

In ihrer Doktorarbeit „POSTMIGRATORISCHE PSYCHOSOZIALE UND PSYCHO-SOMATISCHE ADAPTATION VON POLNISCHEN KINDERN UND JUGENDLICHEN“ stellt Mitic[4] einen eindeutigen Zusammenhang zwischen der psychischen Belastung des Aufwachsens zwischen zwei Kulturen und der Auftreten von seelischen Erkrankungen und psychischen Beeinträchtigungen her. Diese fallen besonders markant aus, wenn sich Eltern und Jugendliche unterschiedlich stark an die Majoritätsgesellschaft binden, d. h. sich mit dem Ist-Land identifizieren.[5] Die Arbeit belegt hochsignifikante Korrelationen zwischen der Spaltung der Generationen durch unterschiedliche Identifizierung mit dem Umfeld. Ist dies gegeben, gibt es eine Häufung von Krankheitsbildern wie Angst, depressiven Rückzug oder mangelndes Selbstwertgefühl.[6] Im Allgemeinen sieht es Mitic als besonders problematisch an, dass *„der Sozialisierungsprozess in zwei Kulturen durchlaufen werden muss"*.[7] Hier führt der Wunsch nach der Realisation des eigenen Persönlichkeitsentwurfes eher zu einer Ablösung vom Elternhaus oder zu einer Überidentifikation mit den Werten der Herkunftsgesellschaft.[8]

Thiele spricht in ihrer Dissertation „KINDER UND JUGENDLICHE MIT MIGRATIONSHINTERGRUND IN DER KINDER- UND JUGENDPSYCHIATRIE"[9] von *„teilweise inkompatiblen Rollenanforderung"* unter relativen Fehlen von Unterstützung des sozialen Umfeldes mit der Folge einer Identitätsdiffusion, einem *„Misslingen der Verortung in der realen Welt"* die als Folgen durchaus *„Rückzug, Suizid und mangelnde soziale Fertigkeiten mit sich bringen kann"*.[10]

Der Persönlichkeitsentwurf zwischen zwei Kulturen ist ein tiefgreifender Prozess, der nicht mit einer zeitlich begrenzten Auslandserfahrung gleichzusetzen ist. Diese Entwicklung birgt für die Betroffenen Chancen aber auch Risiken, und zwar in einem Zeitraum, in dem sie sich emotional und finanziell in einer besonderen Abhängigkeit zu ihrer Familie / ihrem Umfeld befinden. Egal, wie wohlwollend oder durchdacht der Auslandsaufenthalt mit Kindern seitens der Familie ist, die betroffenen Kinder und Jugendlichen hatten wenig Mitsprache und, wenn ja, wohl kaum genügende Weitsicht um die Tragweite dieser Entscheidung - die sie für immer prägen wird - abzusehen. Sie sind im besonderen Maße auf den Schutz und Unterstützung durch ihr familiäres Umfeld angewiesen.

Alle Expatriates, oder solche, die es werden wollen, sollten sich ein paar zusätzliche Gedanken zum Bereich Entwicklungspsychologie machen.

Was brauchen im Ausland aufwachsende Jugendliche für einen gelungenen ersten Persönlichkeitsentwurf - im psychologischen Sinne: Identität - und eine passende Berufswahl?

2. PERSÖNLICHKEITSENTWURF UND IDENTITÄT

Kleiner Überblick zum Stand der Forschung zur Persönlichkeitsentwicklung, die als wissenschaftlich gesichert gilt und mit welchem Theoremen sich hier dem Phänomen ‚Identität' angenähert wird.

Persönlichkeitsentwurf und Identität

Zur Entwicklung der Persönlichkeit haben in den letzten Jahrzehnten Pädagogen, Psychiater und Soziologen verschiedene Erkenntnisse gewonnen. In den 50er Jahren herrschte noch die Ansicht, Kinder haben zu horchen und zu funktionieren, sie galten als kleine Erwachsene. Hier haben Forscher wie Piaget und Montessori u. a. sicher Bahnbrechendes geleistet. Die moderne Kindergartenpädagogik hat nichts mehr von der funktionalen Erziehung der Groß- und Urgroßeltern.

Man weiß heute, dass kulturelle Prägung schon im Kindesalter beginnt und maßgeblich vom sozialen Umfeld mitbestimmt wird, die Vermittlung von Kultur geht von kleinen, oft minimalen Gesten oder Stimmmodulationen aus, die einem Kleinkind oder Säugling schon vermitteln, was erwünschtes Verhalten ist und was nicht.

Dennoch ist davon auszugehen, dass die Phase der Adoleszenz im besonderen Maße für den Identitätsentwicklung von Bedeutung ist, sie betrifft das Wertesystem und den genderspezifischen Anteil der Persönlichkeit. Der Erstentwurf der Erwachsenenidentität ist das Fundament, von dem aus in der realen Welt agiert wird und vom dem man auch auf Veränderungen reagieren kann/ sich weiter entwickeln kann.

2.1. Die Theoreme Meads, Hurrelmanns, Eriksons sowie Kroger/Marcia

Die theoretischen Ansätze zur Entwicklung im Jugendalter von George H. Mead (*1863 † 1931, Soziologe), Klaus Hurrelmann (*1944, Sozialwissenschaftler, Bildungsexperte) und Erik Eriksson (*1902 † 1994, Psychologe) gelten als Basis jeglicher Beschäftigung mit jugendlicher Entwicklung. Jane Kroger (*1947, Ph. D. Child Development) und James Marcia (*1937, Entwicklungspsychologe) entwickeln das Eriksons'sche Stufenmodel der Identität weiter und bemühen sich darum, messbare Verfahren und allgemeingültige Kriterien zu finden.

2.1. Meads Symbolischer Interaktionismus

Meads begründet die Rollentheorie und prägt den Begriff des „Symbolischen Interaktionismus". Er geht davon aus, dass jegliche Sozialisation durch Interaktionsprozesse mit dem sozialem Umfeld erfolgt. Bei diesem Interaktionsprozessen formt sich die Person sowohl als Individuum (Mead spricht von „I") als auch als Interaktionspartner seines sozialen Umfelds („me") und bringt dies überein als „self". Mead sieht den Entwicklungsprozess als das Erkennen von verschiedenen Rollen in Gruppenkonstellationen, wobei die Aufgabe des Heranwachsenden darin besteht, die Rollen und ihre Verantwortlichkeit zu erkennen und angemessen darauf zu reagieren und diese letztendlich auch zu erfüllen. So gilt z. B. ein Kind als nicht schulreif, wenn es nicht erkannt hat, dass es bei der Ansprache der Lehrerin auch dann gemeint ist, wenn es nicht direkt angesprochen wird. Es hat die Rolle des Lehrers nicht verstanden und erfüllt seine eigene Rolle als Schüler dann hierzu analog nicht.[11]

Mead sieht die Rolle nicht als festgeschriebenes Schicksal, sondern als ein Wechselspiel zwischen dem Erfüllen einer Rolle und dessen individueller Ausrichtung („role-taking, role-making"). Besonders relevant sind seine Erkenntnisse für das Verständnis von Personen, die von mehreren Kulturen geprägt sind, wenn man sich die Basis für seine Gedanken veranschaulicht. Die Basis jeglicher sozialer Ordnung ist die Kommunikation. Kommunikation kann aber nur gelingen, wenn sie reibungslos verläuft, wenn Gesten, Körpersprache und Sprache selbst auf geteilten Symbolen fußen, die für die Beteiligten dieselben Bedeutungsträger (Symbole) sind - dies nennt er symbolische Interaktion. Ohne diese stillschweigende Übereinkunft, die sich als Prozess der Sozialisation in individuell verschiedenen, kleinschrittigen und fast unbemerkt ablaufenden Erfahrungswerten einstellt, ist die Kommunikation zwischen dem „I" und dem „me" nachhaltig gestört und der Selbstentwurf „self" kann nicht gelingen.

2.1.2. Hurrelmann: Modell der produktiven Realitätsverarbeitung

Hurrelmann entwickelt einen metatheoretischen Ansatz, er verortet die Entwicklung des Individuums weder in den Bereich der Soziologie, Psychologie oder Pädagogik, sondern er verbindet den gesellschaftlichen Sozialisationsprozess mit der inneren Entwicklung von Identität und internalisierten Normen. Für ihn sind innere und äußere Aspekte zur Persönlichkeitsentwicklung aufs Engste verzahnt und beeinflussen sich gegenseitig. Sozialisation ist so ein Prozess der produktiven Realitätsverarbeitung, dabei unterscheidet er zwischen innerer und äußerer Realität, die immer neu verglichen und auch angeglichen werden muss, der heranwachsende Mensch nutzt hierzu innere Ressourcen (körperliche und seelische) und begegnet im Außen neuen sozialen und sich verändernde Bedingungen, die ihn zu einer Interaktion zwingen. Das Austarieren und Verwerfen von Handlungsoptionen/Persönlichkeitsentwürfen gehört immer in diesen Spannungsbereich zwischen dem inneren und äußeren Erleben, eine Weiterentwicklung wäre dann unterbunden, wenn ein handelndes Reagieren für den Jugendlichen nicht mehr möglich wäre.[12]

Die zentrale Aufgabe des Jugendalters besteht nun im in der Erstellung eines stimmigen Selbstkonzeptes, das sowohl dem Ich genügend Freiraum gewährt als auch in die Umgebung ‚passt', ohne anzuecken oder einen Verlust von gefühlter Individualität zu erzeugen. Er nennt dies ein Wechselspiel von Integration (äußerer Faktoren) und Individuation (eigenständiges Handeln) und betont, dass ein Gelingen vom Selbstvertrauen abhängt. Hier zeigt sich erneut, dass die Probleme von Jugendlichen, die in mehreren Gesellschaften und Werteräumen agieren, immens größer sein werden als die derjenigen, die nur eine Gesellschaftsform als Umwelt kennen. Divergieren nämlich Werte von Kernfamilie und Umfeld, kommt es in der Regel zu Abstrichen im Entwicklungspotential. *„Günstig ist es, wenn keine gravierende Spannungen zwischen den unterschiedlichen Bezugsgruppen (Elternhaus, Schule, Freundeskreis) von Jugendlichen bestehen und die Impulse der verschiedenen Akteure sich ergänzen und gegenseitig anregen"*.[13]

Hurrelmann gewährt der Jugendphase einen langen Zeitraum von zehn bis fünfzehn Jahren als Entwicklungs- und Umbruchszeit, er sieht in ihr *„eine Phase besonderer Bedeutung, weil sich in ihr Muster herausbilden, die oft im späteren Leben beibehalten werden"* [14] . Er sieht es als lebenslange Aufgabe des Einzelnen, sich den Prozessen der sozialen Integration und persönlichen Individuation zu stellen und sich somit lebenslang neu zu erfinden.

(graphische Darstellung)[15]

Hurrelmann nennt vier elementare Aufgaben der Jugendphase, allen voran die berufliche Qualifizierung. *„Jugendliche müssen vier Entwicklungsaufgaben bewältigen, um als Erwachsene zentrale gesellschaftliche Rollen ausfüllen zu können:*

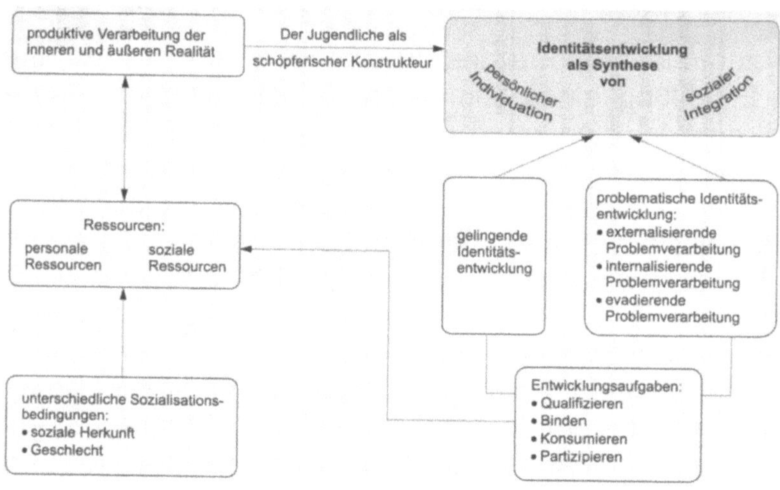

- *Qualifizieren: Schule und berufsvorbereitende Bildung, um die Rolle des Berufstätigen erfüllen zu können*
- *Binden: Entwicklung einer partnerschaftlichen Bindung, um später die Familienrolle übernehmen zu können*
- *Konsumieren: [...]*
- *Partizipieren: Entwicklung eines tragfähigen Werte- und Normensystems, um die politische Bürgerrolle ausfüllen zu können.*“[16]

Für Hurrelmann ist das ‚sich Qualifizieren‘ ein Meilenstein zur persönlichen Entwicklung, er warnt vor Fehlentwicklungen aufgrund unzureichend sozialer und personaler Ressourcen, er sieht hier als mögliche Folgen Entwicklungsstörungen wie externalisierendes Verhalten (sozial auffälliges Verhalten) oder internalisierende Störungen, die sich gegen sich selbst richten oder evadierendes Verhalten, wie z. B. Realitätsflucht über Suchtstörungen.

2.1.3. Erik Erikson

Erikson gilt als einer der führenden Theoretiker im Bereich der Identitätsentwicklung von Jugendlichen. Seine Biografie als uneheliches Kind eines Dänen und einer deutschen Jüdin machen ihn früh zum ‚Sonderfall'. In der Synagoge ist er zu blond und in der zunehmend nationalsozialistisch geprägten Majoritätskultur ist er aufgrund seiner jüdischen Herkunft ebenfalls stigmatisiert. Die Frage nach Zugehörigkeit und Identität begleiteten ihn sein Leben lang. Sein Modell fußt maßgeblich in der Freudianischen Theorie, aber sein Blickwinkel ist durch seine Prägung als Mehrkulturenkind deutlich weiter, seine Ideen beinhalten anthropologische und soziologische Aspekte. Erikson beobachtet Menschen in ihren verschiedenen Kulturen mit unterschiedlichen Gebräuchen, erkennt aber eher Ähnlichkeiten in der gesellschaftlichen Funktion als Unterschiede in den ausgelebten Bräuchen.[17]

Er teilt die Lebensphasen eines Menschen in acht Stufen ein, erweitert so Freuds Modell und fügt als neuen Gedanken das epigenetische Prinzip hinzu. Er geht davon aus, dass die menschliche, persönliche Entwicklung inneren (biologisch-genetischen) Entwicklungsgesetzen folgt und in einer bestimmten Reihenfolge stattfindet, hierauf basiert sein Modell. Ganz als ob der Lebensweg ein Treppe wäre, die man Stufe um Stufe erklimmt und auf der man stolpert oder sich extrem anstrengen muss, wenn man eine auslässt.

Der Mensch geht erfolgreich und innerlich gestärkt seinen Weg, wenn er in den verschiedenen Lebensphasen gewisse Entwicklungsaufgaben erfüllt hat und somit bestimmte Rollen übernommen hat/übernehmen kann und die an ihn gestellten Erwartungen erkannt hat. Dieses Erfüllen von sozialen Erwartungen bedeutet, dass der Mensch in seinem Entwicklungszustand die gesellschaftlichen Zusammenhänge und sich selbst - als Rollenträger und als Individuum - verinnerlicht hat und angemessen handeln kann. Erikson zeigt Entwicklungsaufgaben auf, die in jeder epigenetischen Lebensphase gemeistert werden müssen und die bei Nichtbewältigung jeweils negative Folgewirkungen auf die nächstfolgenden Lebensphasen haben.[18]

Für Erikson bleibt die Jugendphase und der Übergang zum Beruf/in die Selbstständigkeit die wichtigste Entwicklungsstufe, er beschäftigte sich intensiv mit den Übergangsritualen der Lakota, aber auch anderen Riten: religiöse oder unbewusst gesellschaftlich vereinbarte[19] (Führerschein als Reifeprüfung).

In dem von Erikson entwickelten Modell ist V (römisch Fünf) die Stufe der Adoleszenz. Als Hauptaufgabe sieht Erikson in dieser Phase das Ausbalancieren der Ich-Identität im Sinne einer Assimilation all dessen („Kindheitsidentifikationen"), was einen jungen Menschen ausmacht und der Erkenntnis, wie man in die Gemeinschaft hinein passt mit dem dazu passenden Lebensentwurf. Er spricht einerseits von gelungener Ich-Identität und anderenfalls von einer Ich-Identitätsdiffusion. Definiert wird Identität als Wissen, wer man ist und wie man in diese Gesellschaft passt. Der junge Erwachsene formt ein Selbstbild, das seinem Bedürfnissen und denen der Gesellschaft entspricht und findet seine soziale Rolle, seinen Platz in der Welt.[20]

Erikson verweist hier neuerlich auf die Wichtigkeit von Ritualen, er spricht sogar von einer *„role confusion“* [21] wenn ein klarer Übergang fehlt. Im Idealfall skizziert Erikson eine dominante, vorgelebte Kultur des Kollektivs der Erwachsenen, die vom Jugendlichen geachtet wird, wenn es auch zu einer partiellen Abspaltung im Rahmen des eigenen Rollenfindens kommt, dient die Umgebungskultur dennoch als solides Fundament, von dem aus der junge Mensch sich differenzieren kann.

Trotz der hohen Bewusstwerdung und intensiven Beschäftigung vorrangig mit der Jugendphase, heißt es im Wikipedia Artikel zu Erik Erikson *„Zeit seines Lebens kämpfte Erikson mit einer Neigung zur Depression. Er litt unter Gefühlen der eigenen Wertlosigkeit, Unsicherheit und Unzulänglichkeit.“*[22]

Damit ist Erikson selbst ein typisches Beispiel für ein posttraumatischen Belastungsgeschehen eines TCKs/Mehrkulturenkindes aufgrund mangelnder Zugehörigkeit. Der Anteil von TCKs (Third Culture Kids), die nie unbeschwert glücklich werden, ist erschreckend hoch.

Die zentrale Aufgabe der Jugend ist für Erikson die Bildung der Ich-Identität und hierin als strategisch wichtigster Punkt die *„Verknüpfung der in der Adoleszenz gefundenen letzten Fassung der Ich-Identität mit wirtschaftlichen Möglichkeiten, realisierbaren Idealen und erlernbaren Techniken“*.[23] Ihm ist dabei völlig bewusst, dass es sich hierbei und ein kulturell relatives, inneres Konstrukt handelt, der Mensch könne nur aus seinem kulturellen Kontext heraus *„seine Sache gut machen, und zwar gemäß den Standards derjenigen Umwelt, die für diesen Menschen bedeutsam ist“*.[24]

In diesem letzten Absatz werden die Unwegsamkeiten für Personen, die in zwei oder mehr Kulturkreisen aufwachsen, offenbar. Laut Eriksson kann die Phase der Adoleszenz nicht erfolgreich abgeschlossen werden ohne das positive Gefühl, dass am Ende jeder durchlebten Krise stehen sollte. Die erforderliche innere Grundhaltung formulierte er als *„Überzeugung, dass man auf eine erreichbare Zukunft zuschreitet, dass man sich zu einer bestimmten Persönlichkeit innerhalb einer nunmehr verstandenen sozialen Wirklichkeit entwickelt"*.[25] Wenn Eltern oder Lehrer bzw. soziales Umfeld nun ein divergierendes Ideal vertreten, kann es zu *„schroffen Brüchen in der Entwicklung kommen"*.[26] In diesen letzten Äußerungen dürften sich auch viele Menschen aus den neuen Bundesländern wiederfinden, deren *„nunmehr verstandene soziale Wirklichkeit"* sich nach der Wende mit einer abrupten Endgültigkeit in Luft auflöste.

Erikson beschreibt hierbei den Abschluss der Jugendphase auch als „Krise", in dem der junge Mensch labil, zersplittert und verletzlich ist,[27] er stehe vor der Aufgabe, Identifikationen der Kindheit und Jugend in eine Identität zu überführen, diese Aufgabe zu bewältigen ist ohne Anerkennung und positive Rückmeldung aus dem sozialen Umfeld nicht möglich, die Anerkennung als junger, handlungsfähiger Erwachsener mit eigenen Vorstellungen innerhalb des gesellschaftlichen Kontextes ist für den gelungenen Abschluss der Phase V unentbehrlich. *„Die Psychoanalyse hat nicht genügend in Rechnung gestellt, daß solches Erkanntwerden bei den spezifischen Aufgaben der Adoleszenz eine absolut unentbehrliche Stütze darstellt"*.[28]

2.1.4. Jane Kroger und James Marcia

Kroger (*1947, Ph. D. Child Development) und Marcia (*1937, Psychologe) entwickeln das Konzept Eriksons' weiter und stehen vor der Frage, wie man gelungene Identitätsentwicklung methodischer beschreiben und in messbare und somit vergleichbare Kriterien fassen kann.

Sie entwickeln ein Konzept, welches vier unterschiedlichen Identitäten unterscheidet. Sie nennen die Identitätsstadien foreclosures (übernommene Identität), identity achievement (erarbeitete Identität), moratorium (Moratorium) und identity diffusions (diffuse Identität). Sie nehmen eine weitere wichtige Unterscheidung vor: committed nennen sie diejenigen, die ihren sozialen Rollen/Anforderungen gerecht werden und von sich und dem Umfeld als zuverlässige Rollenträger und soziale Interaktionspartner empfunden werden. Hierzu zählen Kroger und Marcia die Stadien der übernommenen und erarbeiteten Identität. Committed kann sowohl mit engagiert als auch mit verpflichtet ins Deutsche übertragen werden, m. E. ist ‚eingebunden' aber hier der treffendere Begriff, er impliziert sowohl Verpflichtung als auch Rückhalt. Die anderen beiden Identitäten (diffuse Identität, Moratorium) sind bei Personen anzutreffen, die nicht als verlässliche Interaktionspartner in ihrem sozialen Kontext agieren (können).[29]

Überblick über die vier Identitäten

Identity Achievement/ Erarbeitete Identität

Personen, die sich eine eigene Identität erarbeitet haben, erscheinen als fokussierte Individuen, die sich ihre innere Flexibilität bewahrt haben. Ihre Werte sind eine Matrix aus selbst entworfenen Konzepten und dem Wertekanon des sozialen Umfeldes. Trotz ihrer inneren Verankerung /Fokussierung sind sie in der Lage, reflektiert andere Ansichten wahrzunehmen und zu tolerieren, ohne sich angegriffen zu fühlen. Etwaige Hindernisse und Schwierigkeiten auf dem Lebensweg scheinen sie weniger aus dem inneren Gleichgewicht zu reißen (Resilenz). Sollten sich die Umstände ändern, sind sie in der Lage, eine neue verlässliche Identität zu entwerfen, die den neuen Ansprüchen genügt, sie sind so auf die Wechselfälle des Lebens durch eine gut entwickeltes Ego gerüstet. Diese Personen ruhen in sich und wirken stabilisierend auf ihr soziales Umfeld.[30]

Moratorium

Moratorium wird das Identitätsstadium der Suchenden und Probierenden genannt, eine Pause vor der Aufnahme von Verantwortung in der Gesellschaft, eine fast feststehende Phase der suchenden Identität des jungen Erwachsenen. Fehlt diese Phase, kann es nicht zu einer erarbeiteten Identität kommen. Bleibt das Moratorium jedoch als Dauerzustand bestehen, dann schwanken die Betroffenen in ihrer inneren Erlebensrealität, sie sind leicht angreifbar und wollen gern Differenzen provozieren, um sich auf ihrer Suche nach Selbstfindung zu profilieren und sich selbst für den Weg der Identitätsfindung greifbar zu machen. Merkwürdigerweise sind hier auch Personen mit übertrieben Bezug zu moralischen Handeln zu finden, als gäben diese Rahmenbedingung ihnen einen innerlich fehlende Halt. Häufig hadern sie noch mit vorherigen Autoritätsfiguren, können sich von diesen nicht lösen, oder deren positives Wirken im neuen Persönlichkeitsentwurf assimilieren. Die im Moratorium befindlichen Personen werden als nicht ‚committed' mithin als nicht verlässlich, nicht belastbar von ihrem sozialen Umfeld eingestuft, im bestmöglichen Fall entwickelt sich auf ihrer Suche eine erarbeitete Persönlichkeit, bei einer negativen Entwicklung stagniert das Individuum in Unentschlossenheit.[31]Gesellschaftlich sichtbar sind hier Personen, die ihre Jugend bis weit in die twens verlagern und scheinbar ‚nicht erwachsen werden'.

Foreclosures /Übernomme Identität

Personen mit übernommener Identität gehören zu den „committed persons", sie gelten als zuverlässig, stabil und erscheinen gut integriert und angepasst. Es handelt sich um Personen, die die sie umgebenden Werte, Vorstellung und Ideale ohne weitere innere Prüfung übernommen haben. Sie sind traditionell, wenig hinterfragend und kaum offen für Neues. Neues kann leicht als Angriff auf ihre fixe, ja fast starre, Position in ihrem sozialen Kontext empfundenen werden, denn die Stärke bei dieser Entwicklungsstufe liegt nicht in der Person selbst, sondern funktioniert nur unter unveränderten Lebensumständen. Ihre Verwurzelung im Umfeld ist tief, ein experimentelles Ausbrechen wie im Moratorium würde vom Umfeld mit wenig Toleranz begegnet werden und hemmt so die mögliche Entwicklung zu einer selbst erarbeiteten Identität.[32] Man kann sich hier Mitglieder von sehr rigiden religiösen Gemeinschaften vor Augen führen, die ein persönliches Ausbrechen nicht in Erwägung ziehen.

Identity Diffusions /Diffuse Identität

Die diffuse Identität bezeichnet Personen, die aus diversen Gründen nicht in der Lage sind, feste Bindungen oder Verpflichtungen einzugehen. Bestenfalls werden sie von ihrer Umgebung als anpassungsfähig, flexibel oder charmant wahrgenommen. In der Regel überwiegt innere Leere, Bezugslosigkeit und Isolation. Die Selbstwahrnehmung erfolgt oft nur über externe Rückmeldungen, eine innere Stabilität konnte nicht entwickelt werden. Auch wenn die übernommene Identität keine eigenständige Entwicklung darstellt, dann ist sie doch dem Stadium der diffusen Identität vorzuziehen, denn sie entwickelt zumindest *„some identity preferable to diffusion“*[33] irgendeine Identität, immerhin besser als eine totale Bezug- und Haltlosigkeit.

Methodologisch erarbeiten sich Kroger und Marcia das Konzept durch die Erstellung eines Testbogens, dem Ego Identitiy Incomplete Sentences Blank (EL-ISB), in dem verschieden Korrelationen zwischen „domains“ (Lebensbereichen) systematisch erfasst werden. Als weiteres wichtiges Instrument ihrer Forschung benennen Kroger und Marcia die ISI (identity status interviews) in denen ebenfalls mit *„theoretically relevant dependent variabels“*[34] (theoretisch relevanten abhängigen Variablen) gearbeitet wird, um den Interviewten bestmöglich einem der vier Schemata zuzuordnen.

2.2. Zusammenfassung

Eine Identität entsteht im Wechselspiel zwischen Äußerungen, Handlungen, und Gesten zwischen dem Einzelnen und der Gruppe. Gleichwohl einem Echo werden diese von der Kernfamilie oder dem sozialem Umfeld dem Einzelnen zurückgeworfen und im besten Fall in einem stetig sich verändernden, aber auch verdichtenden Identitätsfindungsprozess assimiliert.

Die verschiedenen Theoreme nähern sich diesem Phänomen als Rollenverständnis bei Mead, als Verbindung innerer und äußerer Realität bei Hurrelmann und in der Einteilung nach vier Identitäten bei Kroger und Marcia. Erikson mit seiner Theorie der angeborenen, biologischen Lebensphasen mit bestimmten zu bewältigenden Entwicklungsaufgaben bietet ein nachvollziehbares Fundament.

Erikson sieht zwei elementare Aufgaben: „*the choice of an occupation and the formation of an ideology*".[35] Erikson geht noch weiter und wird zitiert wie folgt: „*In general, it is the inability to settle on an occupation identity which disturbs young people*".[36] Er wertet praktisch das Teilhaben und Teil-sein auch als berufliche Integration in die Gemeinschaft. Laut Erikson kommt es bei der Berufswahl zu einem Zusammentreffen multipler identitätsgebender Faktoren, wie z. B. persönliche Fertigkeiten, charakterliche Eignung, eigenem Geltungsbedürfnis, gelungener Impulssteuerung und einem Gefühl der Verbundenheit mit vergangenen sozialen Rollen /Identifikationen in der Kindheit.

Für die Phase V steht die Findung der ersten ‚Erwachsenenidentität' mit einer passenden beruflichen Qualifikation als Schlüssel zum commitment im späteren Leben im Vordergrund. Auswandernde Eltern ohne Kenntnis der Sachlage unterliegen oft der irrigen, monokulturellen Annahme, man könne jetzt, kurz vor Schulabschluss/Studienbeginn die Jugendlichen schnell noch „nach Hause" (Wessen zu Hause?) umsiedeln, damit sie noch die „richtigen Qualifikationen" (Richtig für wessen Lebensrealität?) erwerben.

3. Identitätsfindung zwischen den Kulturen

Wie funktioniert nun diese Identitätsbildung zwischen zwei Kulturen, wenn schon die Identitätsbildung in der Jugendphase in einer Kultur als labile Phase mit wichtigem Abschluss wahrgenommen wird? Was passiert dann mit denjenigen, die in ihren sozialen Bezügen Rückkopplungen aus zwei Kulturen über Gesten, Gedanken, Lebensentwürfe, Lebensstil, Ideologie und Selbstbild erhalten? Sind alle Jugendliche, die im Ausland aufwachsen, im selben Maße betroffen? Was unterscheidet sie?

3.1. Kultur, Identität, Sozialisation

Kultur und Identität sind Abstrakta, die sich nur schwer umschreiben und erfassen lassen. Sie sind nicht messbar, ihre Entwicklung oder Implementierung ist schwer nachzuvollziehen. Es gibt keinen Messbecher oder eine Anleitung: Wie kommt die Kultur in das Kind? Aber Kinder wachsen nicht im luftleeren Raum auf, die sie umgebenden Menschen haben ein Wertesystem für sich gefunden und ordnen ihr Zusammenleben Werten und Normen unter. Beim Aufwachsen erhält der junge Mensch Rückmeldungen diverser Art, sprachlich, emotional oder auch nur über Gesten oder durch einen Tonfall wird vermittelt, wie die Spielregeln lauten, was erwünschtes und was unerwünschtes Verhalten ist. Das Kind wird sozialisiert - diese Sozialisierung differiert in Werten, Verhaltensvorgaben und Normen. Identitätsfindung als Wechselspiel zwischen individueller Gestaltung der eigenen Persönlichkeit und Umgebungs-/Sozialisationskultur ist also untrennbar mit Kultur verbunden. Erikson verwendet folgende Definition: *„Der Begriff >>Identität<< drückt also insofern eine wechselseitige Be-*

ziehung aus, als er sowohl ein dauerndes inneres Sich-Selbst-Gleichsein wie ein dauerndes Teilhaben an bestimmten gruppenspezifischen Charakterzügen umfasst.“[37]

3.1.1. Definitorische Beschreibungen nach Dorfmüller-Karpusa

Eine interdisziplinäre Annäherung an den Begriff Kultur unternimmt Dorfmüller-Karpusa. Sie ist selbst ein Mehrkulturenkind, sie sieht das Leben zwischen zwei Kulturen als Spannungspol, in dessen Mitte der Einzelne eine Synthese versucht. „*Dieses anstrengende Unternehmen, das häufig Gefahr läuft, auf Abwege zu geraten, kann aus der monolingualen/monokulturellen Sicht kaum richtig eingeschätzt werden.*“[38]

Dorfmüller-Karpusa stellt fest: aus anthropologischer Sicht überschneiden sich die Begriffe Kultur und Zivilisation und stehen für alle, auch die trivialsten menschlichen Manifestationen und Handlungen.[39] Sie gelten als kulturell determiniert und sind Ausdruck innerer Überzeugungen. Eine schöne Beleuchtung der Nichtmessbarkeit und auch der immanenten, nicht übertragbaren Wahrheit enthält folgende Passage: „*Aber die Art, wie ein Stück Welt in ihnen (einer Kulturgruppe) zusammengefasst ist, die Selbstverständlichkeit, mit der sie bestimmte Bereiche umgrenzen und anderen entgegensetzen, die geheimen Wertungen, die sie unausgesprochen mit sich tragen, alles das macht sie schwer erklärbar für jeden Nicht-Zugehörigen*“.[40]

Als Definition zum Begriff Kultur schreibt Dorfmüller-Karpusa, Kultur sei ein Lebensraum mit einer kognitiven, einer emotionalen und einer handlungsbezogenen Dimension und kulturelle Aktivitäten fänden im Wechselspiel mit anderen statt.[41] Obwohl Denkschemata einer Kultur vom Individuum für seinen Lebensentwurf verworfen werden können, ist er doch Profilierungspunkt für jeden anderen. Dass Kultur für den Lebensentwurf essenziell ist, macht folgende Passage klar: *„Kultur stellt eine grundlegenden Orientierung des „Ich“ in einem sonst unstrukturierten Lebensraum dar. […] Erst durch Sozialisation innerhalb einer Kultur kommt eine stabile Persönlichkeit zustande. Und da soziales Leben u. a. auf einem gewissen Grad an Vorausberechenbarkeit der anderen basiert [vgl. auch Kap. 4, ‚sense of coherence‘], ist auch eine gemeinsame Kultur oder Kulturen mit vergleichbaren Merkmalen Voraussetzung für geregelte zwischenmenschliche Beziehungen*“;[42] umso mehr aber für die Sicherheit, die ein Jugendlicher haben muss für den abschließenden Persönlichkeitswurf der V. Phase (Adoleszenz).

Kinder und Jugendliche haben diverse Möglichkeiten, ihre Identitätsfindung zu gestalten. Erdogan-Kartaloglu bezieht ihre Erkenntnisse aus Probandengruppen türkischstämmiger Herkunft, die in der Schweiz aufwachsen. Sie nennt drei Möglichkeiten:[43]

- Eine sei die Anlehnung an die Identität und die kulturell-sozialen Vorstellungen der Eltern, also nach Kroger/Marcia eine übernommene Identität. Hier erfolgt eine Distanzierung von Werten und Vorstellungen des Gastlandes und auch ein eingeschränkter sozialer Kontakt zu Peergroups, Schule etc. Es besteht ein *„stabiler Orientierungsrahmen für eine Kultur*“[44] unter relativer Ablehnung der Majoritätskultur.

- Ein andere Option bestünde in der Entwicklung ein bikulturellen Identität, bei der eine hohe Ambiguität auszuhalten sei und ein Gleichgewicht zwischen Anteilen beider Kulturen gelebt wird. Es bestehen soziale Bindungen zu beiden Bevölkerungsgruppen und es werden Vorgaben aus beiden Bereichen für den eigenen Lebensentwurf verwendet. In der Regel erfolgt eine persönliche Auseinandersetzung mit den divergierenden sozialen Erwartungen, die in eine bikulturelle Identität münden.[45]

- Als dritte Möglichkeit führt Erdogan-Kartaloglu einen Identitätsentwurf nur nach der Kultur des Gastlandes auf, dieser habe in der Regel einen Bruch mit der Herkunftsfamilie zur Folgen, der auch späterhin kaum rückgängig zu machen sei. Hier überwiegt der Wunsch nach Selbstbestimmung dem der Zugehörigkeit. Als Beispiel für diesen Fall gilt in dieser Arbeit die Figur Manny, die nach der radikalen Loslösung von der Familie von selbiger ‚verstoßen' wird.

Je nach Wertedissonanz zwischen der Majoritäts- und Minoritätsgesellschaft können die Brüche weicher, ausgeprägter oder kaum spürbar sein. Je nach Flexibilität des Umfeldes kann ein Persönlichkeitsentwurf zwischen zwei Kulturen nicht nur gelingen, sondern durch die Vielschichtigkeit der Bikultur auch extrem beflügeln und professionell befähigen, z. B. bei einem Wechsel der Perspektive und dem Tolerieren anderen Meinungen. Weichselbrauns Betrachtungen geben Einblick in Bikulturalität, vertrauen aber auf den Verbleib des Betroffenen in der Majoritätskultur, für ihre Zielgruppe bleibt der „sense of coherence" gleich.

3.1.2. Definitionsansatz nach Weichselbraun

Weichselbraun untersucht die hybride Identität jugendlicher Migranten. Er greift auf folgende Definition von Kultur zurück: „*Die Gesamtheit von Sprache und Interpretationsweise der Welt, das Leben in dieser Welt inklusive dem Selbstverständnis im Verhalten zu den anderen*".[46] Die sozioanalytische Perspektive sieht er als kritisch, er spricht von einem schwierigem Gelingen einer neuen Identität und Sinnenwelt „*zwischen zwei Stühlen*“ und nennt die Lebensrealität der Betroffenen das „*Weder-noch*“ oder „*nirgends-richtig*“.[47] „*Der Versuch, dem Anspruch eines stringenten, stimmigen Lebensentwurfes gerecht zu werden, wird durchkreuzt und erschwert*“.[48]

Auch Weichselbraun befasst sich mit der Komplexität des Begriffs, des schwer Fassbaren. Die Identitätsbeschreibung sei eine komplexe Sache, sie mit einfachen Darlegungen (Haarfarbe, Größe, Status, Beruf, Hobbies) zu kennzeichnen mache sie vorschnell klischeehaft und wenig greifbar, er verweist auf eine authentische Selbstbeschreibung und lehnt sich an Keupp und seine Gedanken zur Identität als „*Narrationsarbeit*“ an.[49] Somit ist jeder so, wie er sich selbst wahrnimmt und darstellt (‚erzählt‘). Als formale Definition verweist er auf Keupp et all. (2008) und Gingrich (2005) „*[...] so ist Identität nichts Statisches, sondern als fluides, kulturrelativistisches, in sozialen Kontexten verwobenes, mehrdimensionales Gebilde zu verstehen. Es handelt sich nach Gingrichs Verständnis nicht um eine ausschließlich subjektorientierte oder kollektivistisches bzw. kulturelle Dimension, sondern es sind in dieser „Gestalt“ alle genannten Aspekte miteinander verwoben, einschließlich der relativen Differenzerfahrung von Zugehörigkeit und Anschlussfähigkeit*“.[50]

Im fünften Kapitel „*Hybride Identität*“ beschäftigt er sich u. a. auch mit der sogenannten Kulturkonfliktthese, die bis in die 80er Jahre hinein prägend war. Man ging davon aus, „*dass die Beantwortung der Frage nach der Zugehörigkeit entweder zu einem Dazugehören oder Nicht-Dazugehören führt*“.[51] Dieses starre Weltbild ist heute verworfen, da es nicht der Lebensrealität vieler hybrider Personen entspricht, die ein „sowohl-als-auch“ längst als Teil ihrer Identität leben. Populistische Kräfte berufen sich nach wie vor in ihren Bemühen nach nationaler Abgrenzung auf die Kulturkonfliktthese, aber de facto stehen hybride Menschen im beständigen Ausstauch mit der Aufnahmegesellschaft, sie erbringen eine Anpassungsleistung, eine Akkulturation, ohne die kulturellen Bestandteile der Herkunftsgesellschaft zu verleugnen /verleugnen zu wollen bzw. können.[52] Hybridität sei ein Transformationsprozess, der beides *„Elemente der Herkunfts- und Ankunftsregion*“ enthält.[53] Weichselbraun hat hierbei sein Augenmerk auf junge Erwachsene, die beständig in zwei Kulturen leben und keinen Biographiebruch erfahren. Ihre Lebensrealität bleibt beständig bi- oder multikulturell. Das unterscheidet sie von den TCKs.

3.1.3. Third Culture Kids

Pollock et. all haben in ihrem Werk *„Third Culture Kids*“[54] sicherlich die umfassendste Annäherung an die Besonderheiten der Mehrkulturenpersonen herausgearbeitet. Dabei fragen Sie nicht so sehr nach psychologischen oder sozialen Entwicklungsprozessen, sondern beobachten wiederkehrende Gemeinsamkeiten und sich wiederholende Muster in ihren Drittkulturpersonen.

Die Grundsituation stellt sich oft für Kinder und Erwachsene - und an dieser Stelle auch für Austauschschüler oder -studenten - anders dar: *“Menschen, die als Erwachsene zum ersten Mal in eine andere Kultur kommen, erleben einen Kulturschock und brauchen einige Zeit, um sich umzustellen. Doch ihr Wertesystem, ihre Identität und die Kernbeziehungen zur Familie und Freunden haben sich bereits in der Heimatkultur entwickelt. [...] Ihr grundlegendes Bewusstsein, wer sie sind und wohin sie gehören, ist intakt.“*[55] Im Gegensatz dazu befinden sich Menschen, die zwischen zwei Kulturen aufwachsen, in einem Zustand der Wurzellosigkeit, oft verbunden mit Rastlosigkeit, es ist ihnen unmöglich, eine definitive Zughörigkeit für sich zu entwickeln, es entsteht das Gefühl *„überall und nirgends*“ zugleich hinzugehören, oder auch kein Zuhause zu haben und nicht in sich selbst zu ruhen.[56]

Für Pollock et all ist „*Das Besondere bei einem TCK jedoch (ist), dass diese kulturübergreifende Erfahrung während der Jahre stattfindet, in denen die Identität, die Beziehungen zu anderen Menschen und die Weltsicht des Kindes auf grundlegende Weise geprägt werden.*“[57] Die erwachsenen TCKs können die Drittkulturerfahrung niemals ablegen. Es gibt für sie kein Zurück.

Kultur ist Teil des Sozialisationsprozesses, die Prägungen können nicht durch spätere abstrakte Lernphasen oder den Wunsch hiernach verändert werden. Kultur, so Pollock et all. „*ist ein System gemeinsamer Grundannahmen, Überzeugungen und Wertvorstellungen. Sie bildet den Rahmen, von dem aus wir das Leben und die Welte um uns her interpretieren und deuten.*“[58] Die Mehrkulturenkinder werden also ihren veränderten oder erweiterten Blickwinkel nicht ablegen, sie werden möglicherweise mehr Reibung mit der Außenwelt erleben und mehr innere Zweifel aushalten müssen.

Als sich wiederholende Merkmale dieser Personen werden die Wurzellosigkeit genannt, oft gepaart mit Rastlosigkeit (z. B. häufiges Umziehen), aber auch soziale Fertigkeiten wie eine erhöhte Empathiefähigkeit dadurch, dass sie in der Lage sind, einen Perspektivwechsel zu vollziehen und so die Position des anderen besser verstehen können. Oft heißt diese Eigenschaft „*weltoffen*“.[59]

Ein weiteres wichtiges Phänomen ist die sogenannte ungleiche Reife. Kinder, die einem Drittkulturkontext aufgewachsen sind, wirken oft reifer als ihre Altersgenossen,[60] sie agieren öfter mit anderen Erwachsenen, oft auch als Übersetzer und Erklärer, sie beschäftigen sich häufiger mit politisch übergreifenden Themen und haben Kenntnis von

Aspekten, die ihren monokulturellen Altersgenossen nicht präsent sind. So beobachtet Dorfmüller-Karpusa bei den bikulturellen Kindern *„eine erhöhte Fähigkeit, Sachverhalte unter mehreren Perspektiven zu betrachten“.*[61] *„Diese Fähigkeit hängt mit einer erhöhten Sensibilität und Flexibilität zusammen, die es bikulturellen Kindern ermöglicht, in relativ frühem Alter kognitive Strategien zu entwickeln, um sich in ihrer bikulturellen Situation einzurichten.“*[62]. Das Phänomen, welches Pollock et all frühzeitige Reife nennen. Dorfmüller-Karpusa stellt aber auch klar, dass *„Bikulturalität (zwar) eindeutig von einer kognitiven Bereicherung begleitet wird, jedoch höchstwahrscheinlich eine emotionale Belastung darstellt.“*[63] Vor dieser eindeutigen, aber belegbaren Aussage schrecken Pollock et all in ihrem gesamten Werk zurück, deutlich wird es nur dann, wenn Betroffene selbst zu Wort kommen.

Die TCKs scheinen dann in ‚Alltagssituationen‘ im Passland ihrer Eltern zu ‚versagen‘ durch unangepasstes Verhalten in Unkenntnis der dortigen Selbstverständlichkeiten; sie erscheinen unreif, kindisch oder naiv-unwissend. Die zweite Kultur muss vollkommen neu assimiliert werden, die Anpassung beginnt von neuem, so dass auch das Kriterium ‚verzögerte Adoleszenz‘ als Teil der TCK Kultur angesehen werden muss. Hierzu kommt die Ablehnung, die ihnen entgegenschlägt. Anstatt in der wichtigen Phase V selbstwusste Schritte in den sich erweiternden sozialen Radius zu wagen, erleiden TCKs Rückschläge und Entwertung - es fehlen somit die Zutaten, die es bedarf, um eine gelungene Persönlichkeit zu entwickeln. Das gravierende daran: unreflektierte Eltern beteiligen sich ungeniert an diesem Prozess, ungeachtet des eigenen Bildungsniveaus.

Eine andere - etwas kuriose Beobachtung - besteht darin, dass sich TCK offensichtlich fast instinktiv „erkennen“ und sofort Gemeinsamkeiten entdecken. *„Überall in der Welt* *empfinden TCKs instinktiv diese Verbindung, wenn sie einander begegnen."*[64]

Die negativen Aspekte vom multi- oder bikulturellem Aufwachsen ist in der Unfähigkeit zu sehen, ein eigenes, stabiles Wertesystem zu erschaffen[65] oder eine stabile Identität zu entwickeln, viele TCK leben so angepasst, dass sie sich selbst als „*unwirklich*" oder „*gar nicht da*"[66] empfinden, ihre Fähigkeit, sich neuen gesellschaftlichen Strukturen anzupassen, hat ihre Identitätsfindung negativ beeinflusst (vgl. auch Definition „diffuse Identität" Kap. 2.4). Sophia Morton reflektiert als Betroffene bei Pollock et all, dass sie gelernt habe, die Spielregeln des Alltags zu beherrschen, fragt aber, ob sie „*innen durchsichtig ist*", fühlt sich ergo leer. „*Wenn ich die Schichten der Rollen, die ich annehme, abschälen würde, würde ich dann in der Mitte nur Leere finden?*"[67]

So fühlt sich ein Kind, was sich komplett an die Sozialisierungskultur anschließt ‚innen gleich', d. h. es denkt und fühlt gleich, sieht aber anderes aus. Diese Situation wird „*Adoptivkind*" genannt.[68] Hat sich die Person innerlich nicht angepasst, gilt er mit seinem andersartigen Aussehen und innerem Erleben als „*Ausländer*". Er entspricht somit den Erwartungen, die die Außenwelt an ihn stellt.[69]

Oft fühlen sich TCKs, die im Ausland aufwachsen als ‚der Engländer' oder ‚die Deutsche' usw., nur um bei der Rückkehr ins vermeintliche Heimatland festzustellen, dass sie nun zwar Ausschauen wie alle anderen, ihr Denken und Empfinden sich aber von ihrem sozialen Umfeld unterscheidet, obwohl sie jetzt doch zuhause sein sollten.[70]

Diese Situation erhält den Namen ‚heimlicher Einwanderer' und das betroffenen Individuum divergiert ungewollt von den Erwartungen des Umfeldes. Der heimliche Einwanderer wird oft als ‚komisch' oder ‚arrogant' abgewertet, er scheint nicht zu passen, ist skurril, stolpert über Körpersprache und Alltagsgewohnheiten.[71]

„*Sie* (Umfeld Passland der Eltern) *gehen immer noch davon aus, dass sie sich innerlich ebenso ähnlich sind, wie äußerlich und dass irgendwas mit der anderen Person nicht stimmt.*"[72]

„*Wenn dagegen die Angehörigen der Gemeinschaft einen ‚heimlichen Einwanderer' anschauen, gehen sie davon aus, dass er jede Alltagsaufgabe bewältigen kann, die andere auch bewältigen.*"[73]

Heimliche Einwanderer haben keine Chance, sie bekommen keine Eingliederungshilfe, keine positive Rückmeldung für ihren Persönlichkeitsentwurf und viel zu oft auch keinen Rückhalt in der Familie.

Als „*Spiegel*" bezeichnen Pollock et all. jene, die komplett konform mit ihrem Aussehen und dem sozialen Umfeld sind. Die Positionen, die TCKs einnehmen, die nicht in Enklaven aufgewachsen sind und sich in der fremden Kultur eingefunden haben, sind auch diejenigen die auf den Positionen Adoptivkind und heimlicher Einwanderer vergrößertem kulturellen Stress ausgesetzt sind.[74] Sie sind die Hauptleidtragenden bei einem Biographiebruch in der Jugend.

Tabelle der Grundeinstellung zur Umgebungskultur[75]

Erwartungserfüller		**Konfliktpotential**	
Ausländer	**Spiegel**	**Adoptivkind**	**Heimlicher Einwanderer**
sieht anders aus denkt anders	sieht gleich aus denkt gleich	sieht anders aus denkt gleich	sieht gleich aus denkt anders

Pollock et all entscheiden sich bewusst für eine euphemistische Betrachtung der Lebenssituation der Entwurzelten, sie sprechen beständig von großen Chancen, Ressourcen, bestenfalls Herausforderungen, obwohl eine Mehrzahl der Mehrkulturenmenschen bleibende emotionale Schäden zurückbehält. Diese positive Grundeinstellung mag gut gemeint sein, um den TCKs auf Selbstsuche eine positive Richtung zu weisen, aber sie trifft oft die Realität nicht. *„Leider sind wir vielen Menschen begegnet, die von den Herausforderung ihrer Kindheit immer noch so verwirrt und verletzt sind, dass sie als Erwachsene nie die Freiheit gefunden haben, sich an den Vorteilen zu erfreuen. Depression, Isolation, Einsamkeit, Zorn, Rebellion und Verzweiflung statt Freude haben ihr Leben beherrscht.“*[76]

Aus den vorherigen Erkenntnissen kann geschlussfolgert werden, dass eine nicht vorteilhaft abgeschlossene Adoleszenz ohne Freiheit zur Berufswahl und Lebensweggestaltung bleibende negative Konsequenzen mit sich bringt. Im Sinne von Erikson wird eine Lebensphase nicht bewältigt und muss im Lebenslauf ‚nachbearbeitet‘ werden, falls das Individuum die persönlichen (und finanziellen) Ressourcen dazu findet.

Studien zeigen auch einen erhöhte Gefahr für psychische Erkrankungen in den Zweit- und Drittgenerationen von Migranten (vgl. Einleitung, Dissertationen Mitic und Thiele). Auch Dorfmüller-Karpusa äußert sich zu den möglichen Konsequenzen. Es herrsche schon fast Konsens darüber, dass jedes Individuum, welches an einer zweiten Kultur partizipiert, eine Bereicherung erfährt. Dennoch sei eine Aussage darüber, ob die generelle Entwicklung positiv oder negativ verläuft, nicht pauschal zu treffen *„die verschiedenen Aspekte der Bikulturalität lägen auf unterschiedlichen Ebenen und seien somit nicht vergleichbar oder gegeneinander aufrechenbar“*.[77] Die kognitive Entwicklung, erhöhte

Wahrnehmung, schnelles Auffassen neuer Situationen - sicher seien dies positive Eigenschaften, aber mit Glück, Geborgenheit oder einem inneren Zuhause hat es nichts zu tun.[78] *„So lassen sich positive kognitive Folgen kaum gegen negative emotionale abwägen“.*[79] *„Mit der Trauer fertig zu werden heißt letzten Endes, uns in uns selbst zu Hause zu fühlen.“*[80]

3.2. Zielgruppe dieser Betrachtung

TCKs - Third Culture Kids - das ist die nun gebräuchliche Abkürzung für die wachsende Anzahl an Jugendlichen, die in mehreren Kulturen aufwachsen, in der Regel aufgrund der Berufstätigkeit ihrer Eltern. Hierbei finden sich manche Gemeinsamkeiten, denn es kommt bei den Betroffenen zu einer sogenannten ‚dritten Kultur‘ da beide oder mehrere kulturelle Welten assimiliert werden oder parallel existieren - in einer Person.

„Ein Third Culture Kid ist eine Person, die einen bedeutenden Teil ihrer Entwicklungsjahre außerhalb der Kultur ihrer Eltern verbracht hat.“[81] Das Besondere an diesen Kindern ist, dass die kulturübergreifenden Erfahrungen während der Jahre stattfinden, in denen die Identität auf grundlegenden Weise geprägt wird.[82]

Mit dieser Definition inkludieren Pollock et. all. aber auch Kinder von Migranten; Gastarbeiterkinder zum Beispiel. Dieser Begriff ist negativ besetzt und dennoch stehen die Jugendlichen vor derselben – epigenetischen - Entwicklungsaufgabe: zwischen zwei Kulturen eine eigene Identität zu entwerfen. Was unterscheidet nun die beiden Gruppen?

Als Autor und Mehrkulturenperson widerstrebt mir die unterschiedliche Wertung der beiden Begriffe. Gastarbeiterkinder werden oft mit negativen Aspekten wie Sprachschwierigkeiten oder Anpassungsstörungen in Verbindung gebracht, aber die TCKs stehen für positive Attribute wie Weltoffenheit, Flexibilität und erhöhtes Einfühlungsvermögen, sie gelten als gewandt und weltoffen. Dieser Diskrepanz in Wahrnehmung und Definition möchte ich zuerst auf den Grund gehen.

In Anlehnung an die Beobachtungen von Weichselbraun und Dorfmüller-Karpusa, differieren die Gruppen der sogenannten Expatriates und der Gastarbeiter (Eltern von Migrantenkindern) in einem entscheidenden Punkt: prekäre vs. abgesicherte Lebensverhältnisse.

Während Expatriates, die Eltern der TCKs, oft mit einer ‚Mission' einer ‚Entsendung' in aller Regel aber in gesicherten finanziellen Verhältnissen ihr Land verlassen, sind Gastarbeiter/Migranten oft in ungesicherteren Arbeits- und somit Lebensverhältnissen ‚in der Fremde' unterwegs. Es sei ein menschliches Grundbedürfnis, sein Leben in einem vertrauten und voraussehbarem Rahmen zu verbringen, hier bietet der Rückzug in die Erstkultur (aus dem Passland der Eltern) Sicherheit in der Fremde, es gibt eine gewisse *„Permanenz bestimmter Grundeinstellungen der Erstkultur"*,[83] ergo eine gewisse innere Ablehnung/Abschottung gegenüber der sie umgebenden Mehrheitskultur um als Ergebnis eine emotionale Stabilität in der Fremde herzustellen. Deren negative Ausprägung nennen wir heute Parallelgesellschaft.

Aber auch in der Gruppe der Auswanderer, die unter gesicherten finanziellen Aspekten mit ihren Familien ins Ausland geht, gibt es Unterschiede, die erst im individuellen Lebensentwurf ersichtlich werden. Entscheidend ist hier *„zu welchem Grad sie bereit sind, sich auf das Gastland einzulassen"* oder inwieweit sie gedanklich und emotional im Heimatland verhaftet bleiben und nur ihre *„Arbeitsexistenz verlegen"*.[84] Die Differenz ist eine subjektive, kaum erfassbare Größe und kann doch Generationen spalten. Erika, ein TCK aus dem Werk von Pollock et all, wächst in Singapur als Tochter US-Amerikanischer Eltern auf. *„Für Erika bedeutete ‚nach Hause kommen' etwas völlig anderes als für ihre Eltern. Wenn ihre Eltern davon sprachen ‚nach Hause zu kommen', meinten sie damit ihre Rückkehr in die Staaten jeden Sommer. Für sie bedeutete ‚nach Hause kommen' ihre Rückkehr nach Singapur am Ende des Sommers. Aber wo war jetzt ihr Zuhause? Da war sie wieder, die quälende Frage."*[85]

Pollock berichtet, dass Erwachsene, die sich in eine neue Kultur einfinden, einen sogenannten Kulturschock erleben und Zeit brauchen, um anzukommen. Ihr bereits gefestigtes, inneres Wertesystem, ihre Identität und die sozialen Bindungen (oder Rollen) zu Familie und Freunde bleiben jedoch bestehen. *„Ihr grundlegenden Bewusstsein, wer sie sind und wohin Sie gehören, ist intakt"*.[86] Die in dieser Arbeit betrachtete Zielgruppe besteht aus sieben jungen Menschen, für die diese Selbstverständlichkeit nicht gegolten hat - beleuchtet wird sie aus der Retroperspektive. Hinzugezogen werden auch Teilnehmer aus anderen Studien/anderen autobiographischen Narrationen. Sie alle müssen ihren Persönlichkeitsentwurf am Ende der Pubertät unter dem Druck und Eindruck zweier Kulturen/Kulturkreise entwerfen.

In seinem Werk beschäftigt sich Pollock zwar auch mit bikulturellen Personen, die in der fremden Zweitkultur aufgewachsen sind, aber viele der von ihm beschriebenen Situationen und Menschen gehören ‚Enklaven' an. Es handelt sich um Kinder von Militärs, Diplomaten, Missionaren oder entsandten Führungskräften, die sich oft Trennungssituationen (häufige Umzüge, Internatsbesuch, Trennung von den

Eltern o. ä.) unterworfen sehen und entsprechende Traumata, insbesondere Verlustängste, verarbeiten müssen.

Dennoch gelten für diese ‚Enklavenkinder' andere Sozialisationsumstände als für diejenigen, die im täglichen Kontakt mit der neuen Kultur, der Sozialisationskultur /Majoritätskultur, stehen. Für die Enklavenkinder besteht ebenfalls eine Parallelgesellschaft, die dem Passland der Eltern oder deren Gesinnung (ein Stützpunkt, eine Mission, ein diplomatisches Viertel) entspricht, ein tatsächliches Verwachsen mit der Majoritätskultur findet in dem Maße nicht statt.

Die analysierte Gruppe besteht aus sechs Personen, die in der entscheidenden Phase V, nicht in einer Enklave aufgewachsen sind und keinen unmittelbaren Bezug mehr zum Herkunftsland ihre Eltern hatten. Eine Ausnahme stellt Ilpo dar, er ist auf einer Missionarsstation als Enklavenkind aufgewachsen, sein soziales Bezugsfeld war aber US-Amerikanisch, seine Eltern Finnen.

Vergleichende Übersicht der Definitionsansätze:

Pollock et all	**Dorfmüller-Kapusa**	**Weichselbraun**	**Erikson**
Third Culture Drittkultur Zwischenkultur	Bikultur	Hybride Kultur	
Passland Erstkultur	Minorität	Herkunfts-gesellschaft	
Gastland	Majorität	Aufnahme-gesellschaft	Raum-Zeit-Gruppe
Entwurzelung Wurzellosigkeit	empfundene Marginalität	Zwischenwelt	Diffuse Identität

3.3. Methodologie

Es werden Personen mit einem Biographiebruch in der Flüggephase nach ihrem damaligen und heutigen Lebensumständen befragt. Zusätzlich werden Lebenswege von Personen aus Literatur und Forschung heran gezogen. Es soll überprüft werden soll, ob sie sozial eingebunden waren (sense of community), ob für sie ihr soziales Umfeld berechenbar und zuverlässig blieb oder ob ihnen entsprechend genug Informationen über ein neues Umfeld zur Verfügung stand (sense of coherence) und ob sie gerade in dieser Phase Selbstwirksamkeit erfahren konnten (sense of control). Ein wichtiger Aspekt ist hier, ob der Biographiebruch gegen den Willen der Betroffenen stattfand oder aber von den Betroffenen als Aufbruch in eine neue Lebensphase gesehen wurde.

Das Kriterium der beruflichen Qualifizierung als Teil des ersten adulten Persönlichkeitsentwurfs gilt hier als messbares Kriterium für eine gelungene absolvierte Adoleszenzphase - auch im epigenetischen Sinne - und soll mit den vorliegenden Fallbeispielen verglichen werden.

Um eine Annäherung an eine der vier Identitätsschemata nach Kroger/Marcia zu wagen, soll das „commitment" im späteren Berufsleben/Familienleben als Vergleichsvariable herangezogen werden. Hierbei soll die Erfüllung der Rolle als Partner/in, Mutter/Vater und Kollege/in (Mead) eruiert werden.

Die Interviewten wurden von mir gebeten, sich an ihre damalige Lebenssituation zu erinnern. Besonders nach der Berufsfindung wurde gefragt und wie sie sich damals im neuen Umfeld fühlten. Eine zusätzliche, wichtige Frage, nämlich ob sie mit ihren Kindern auch auswandern würden, stelle ich an dieser Stelle Personen, die bereits im Alter sind Kinder im entscheidenden Alter zu haben.

Indirekt erfrage ich hier eine Wertung bezüglich der Entscheidungen der eigenen Eltern, ohne einen offenen Konflikt oder negative Gefühle an die Oberfläche zu holen.

Gegenüberstellung der Begrifflichkeiten

Mitzscherlich	**Dorfmüller-Karpusa**	**Erikson**
	„Kultur ist ein Lebensraum mit einer	
sense of community	*emotionalen,*	Für die Identitätsbildung ist das ‚erkannt werden' wesentlich, dass ihm (dem Jugendlichen) seine soziale Funktion und Stand zuerkannt werden
sense of coherence	*kognitiven,*	verstandene soziale Wirklichkeit, in die man als Person wachsen kann
sense of control	*handlungsbezogenen Dimension."*	Das sich bildende Identitätsgefühl [...] wird als psychosoziales Wohlbefinden erlebt. Die erkennbarsten Begleitumstände sind das Gefühl, Herr über seinen Körper und auf dem rechten Weg zu sein mit der inneren Gewissheit der Anerkennung derer, auf die es ankommt.

4. Die Flüggephase

4.1. Flüggephase bei divergierender Tiefenkultur

Es sind viele abstrakte Aspekte zusammengetragen worden, was es denn nun bedarf, ein Identität und einen Lebensentwurf am Ende der Adoleszenz zu entwickeln, aber vieles bleibt abstrakt und wurde von keinem bis dato konkretisiert. Dorfmüller-Karpusa spricht von Ambiguität, man sagt hybride Kultur oder auch Drittkultur, aber was bedeutet es, wenn der junge Mensch in der letzten Phase der Pubertät nicht die richtigen Einflüsse für eine gelungene Entwicklung zur Verfügung hat? In Ermangelung einer konkreten Benennung in der Fachliteratur erlaube ich mir den Begriffe ‚flügge' aus dem biologischen Kontext zu entleihen. Auch hier handelt es sich um ausgewachsene Tiere, die kurz davor sind oder ihr Nest/Elternhaus bereits verlassen haben, dennoch kann ihr Sprung ins unabhängige Leben nur gelingen, wenn die Alttiere noch erreichbar sind und gegebenenfalls Futter zur Verfügung stellen, Hilfe zur Futtersuche geben oder Futterstellen anzeigen. In einer vergleichbaren Abhängigkeitssituation befindet sich der Jugendliche, der bereits seinen Entwurf für Beruf und Leben gemacht hat.

Im übertragenen Sinn reden wir von Unterstützung und Wertschätzung der Jugendlichen, nebst ‚Futter' als Sinnbild für die Möglichkeit, einen Beruf zu erlernen (finanzieller Rückhalt). Notwendigerweise impliziert dieser Entwurf auch eine Abgrenzung, ja im Einzelfall sogar ein Auflehnung gegen die Eltern oder die elterlichen Erwartungen aus dem kulturellen Kontext des Passlandes heraus, ein Umstand, der die Schwierigkeiten erhöht, die Abhängigkeit des Nachwuchses aber nicht mindert. Eine absurde Situation:

die Eltern werden gebraucht, sollen aber den Aktionsradius der Entfaltung nicht beeinflussen.

Auf den Punkt bringt es der Gedankengang einer der Probanden Manny, für den nach der Schule keine Weiterbildung und auch kein eigener Lebensentwurf toleriert wird: „*I wanted to make a run for it. [...] But where was I going to go? [...] Where was the money for food and all those things going to come from? I wasn´t just physically trapped by then, I was trapped because I was so young. [...] I couldn´t get benefits (Sozialleistungen) and didn´t have the qualifications to get a job.*"[87] Diese Sätze stammen aus einer Pflichtlektüre, die ich als Sprachlehrer in der Mittelstufe begleitet habe, allerdings musste ich mich danach erstmal sammeln und flüchtete ins Bad. Ich war persönlich so getroffen von dieser Beschreibung, es war, als ob jemand mein Leben in dem Alter beschrieb, als ob der Schreiber mich kennt. Ich muss der Korrektheit hinzufügen, dass ich nicht geschlagen wurde (wie Manny), aber das Gefühl der Abhängigkeit, des Ausgeliefertsein wird noch verstärkt, wenn das Aufenthaltsrecht an das der Eltern gebunden ist und die keinen Zweifel darüber lassen, dass sie bereit zu einer Zwangsumsiedlung sind und definitiv entschlossen, alle eigenen Zukunftsperspektiven zu zerstören.

Es gilt zwar nach wie vor die Auffassung, die Peergroup sei in diesem Entwicklungsalter maßgebend, dennoch sieht die Shell Studie den Rückhalt durch die Eltern und Familie - zumindest in essenziellen Fragen, wie z. B. die Berufswahl - als unvermindert ausschlaggebend. „*Die Vermutung, mit dem Alter nehme der Rückgriff auf die Eltern in Problemsituationen ab, [...], wird enttäuscht. [...] Bei älteren Jugendlichen kann man ohnehin davon ausgehen, dass die Belastung mit größeren Problemen, z.B. durch Ausbildung und Beruf, höher ist als bei den Jüngeren. Die Eltern bleiben unvermindert Partner in wichtigen Lebensdingen.*"[88] Was passiert, wenn diese ‚wichtigen Partner' durch eine nicht sichtbare Trennung in einer anderen Lebensrealität leben, wenn ihre ‚Tiefenkultur der Selbstverständlichkeiten' eben nicht mehr gleich ist? Gastarbeiterkindern, die schon im Gastland geboren sind oder sehr früh dorthin emigriert sind, erscheint es oft als lebten sie und ihre Eltern in verschiedenen Welten. Was unterscheidet nun Auswanderer und Gastarbeiter?

Weichselbraun hat eine brauchbare Unterscheidung zwischen Auswanderern und Gastarbeitern ermittelt. Es sei vom individuellen Lebensentwurf abhängig, wie weit sich Menschen der neuen Kultur öffnen. Je nachdem, ob sie sich als bleibende Beteiligte an der Majoritätskultur sehen oder aber lediglich ihre Arbeitskraft temporär verdingen, wird die Öffnung für die sie umgebende Kultur gegeben oder nicht gegeben sein. Für dort sozialisierte Kindern und Jugendliche ist eine teil- oder gänzliche Assimilation mit der Kultur des Gastlandes die Regel (je nach Einfluss der Familie oder Größe einer Bezugsgruppe aus dem Passland der Eltern / Enklave).[89] Es kann also passieren, dass das Selbstbild der Eltern von sich in der Fremde nach wie vor der ‚Gastarbeiter' ist, während Kinder und Jugendlichen innerlich zu ‚Auswanderern' geworden sind. Sie sind angekommen. Ihre Lebensrealität hat eine nicht sichtbare Spaltung von der des Elternhauses erfahren, die spätestens im Lebensentwurf nach der Adoleszenz manifest wird. Die Tiefenkultur von Eltern und Kindern ist nicht mehr dieselbe.

Kultur ist nicht nur der sichtbare Teil menschlichen Gemeinschaften, auch wenn Folklore mit bunten Kleidern, Liedern oder Traditionen zuerst ins Auge springt, lohnt sich doch der Blick in den unsichtbaren Teil unseres Zusammenlebens, welches ohne Regeln und gemeinsame innere Überzeugungen nicht reibungslos ablaufen könnte. Der interkulturelle Trainer und Berater Kohl hat hierfür ein überzeugendes Bild geschaffen: DEN EISBERG.

Ganz offensichtlich ist eine Person, die sich in einem Folklore Outfit kleidet und entsprechende Lieder spielt, trotzdem nicht automatisch zugehörig zu dieser oder jener Völkergruppe, denn Kultur ist mehr, als man sieht. *„Keine Kultur kann ihren Zusammenhalt wahren, ohne dass ihre Mitglieder über einen Grundkonsens in den tieferen Dimensionen der Kultur verfügen. Lediglich nachgeahmtes Verhalten [...] kann eine Gruppe nicht zusammenhalten.“*[90]

Kohl schlägt vor, sich Kultur als einen Eisberg vorzustellen, von dem bekanntermaßen der größte Teil unter Wasser, ergo nicht sichtbar, ist. Er nennt das Sichtbare, Offensichtliche ‚Oberflächenkultur‘ und das Unsichtbare, was den Menschen ausmacht ‚Tiefenkultur‘. Die Abbildung[91] (links) zeigt eine Weiterentwicklung von Dr. Hamayan, die eine Zwischenstufe in die Tiefenkultur einfügt, die den sozialen Umgang untereinander bestimmt. Von Augenkontakt bis Mimik, aber auch Häufigkeit der sozialen Interaktion und dem feinen Unterschied, was Smalltalk ist und was nicht. Wie kommt die Kultur in das Kind? Es sind minimale Gesten, Ausdrücke, Laute oder Gesichtsausdrücke der Bestätigung oder der Ablehnung von Verhalten, Gedanken und Taten die

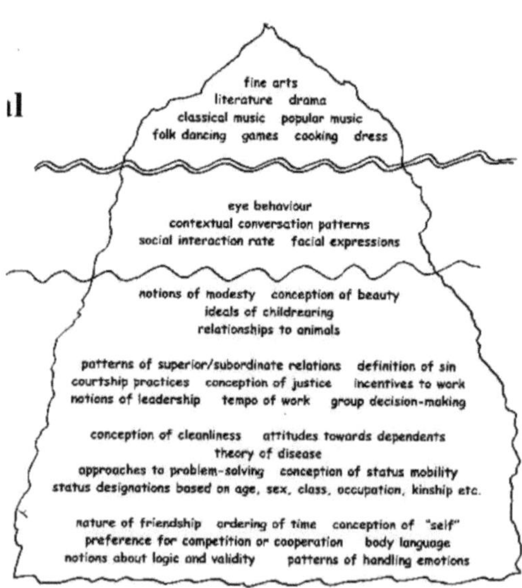

den Menschen sozialisieren - dies geschieht nicht im freien Kontext, sondern immer bezogen auf eine gemeinsame Tiefenkultur.

Die erworbene Tiefenkultur vermittelt Werte, beeinflusst unsere Selbstwahrnehmung, wie wir Rollen einnehmen gegenüber Fremden, Bekannten, in Gruppen, als ‚Chef' oder ‚Untergebener'; wie wir unseren Eltern begegnen (dürfen/können), wie wir argumentieren - denn das Gewicht von Argumenten fußt auf dessen implizitem Wert - und unseren Status in der Gesellschaft definieren. Eine Bruchstelle zwischen Eltern und Jugendlichen ergibt sich, wenn die Tiefenkultur der Jugendlichen sich der Sozialisationskultur angeglichen/angenähert hat, die Eltern jedoch in ihren traditionellen Wertvorstellungen verhaftet geblieben sind und möglicherweise die veränderte Lebensrealität ihrer Kinder nicht wahrhaben wollen. Der Bruch ergibt sich immer dann, wenn dasjenige, was für den einen selbstverständlich ist, für den anderen fremd / abzulehnen / nicht akzeptabel ist. *„Die Homogenität einer Menschengruppe findet ihren unmittelbarsten Ausdruck in der gemeinsamen Verwendung eines Systems von Selbstverständlichkeiten"*.[92]

Je nach Grad der Ablehnung hat dies schwerwiegende Folgen für die weitere Entwicklung des jungen Menschen: *„[...] das was ich eine sich aufspeichernde Ich-Identität nenne, erhält seine wirkliche Stärke nur durch die vorbehaltlose und ernsthafte Anerkennung seiner (des Jugendlichen) wirklichen Leistungen, d. h. eines Erfolges, der für die bestehende Kultur von Bedeutung ist."*[93]

Entwicklungskrisen treten dann auf, wenn z. B. Lehrer (Personen aus der Majoritätskultur) plötzlich andere Methoden verwenden, ein anderes Ideal vermitteln, als das Elternhaus *„dadurch entstehen schroffe Brüche in der Entwicklung."*[94] In meinem Fall trifft das eins zu eins zu: die Eltern der Freunde, Nachbarn oder andere Personen in meinem Umkreis fanden meinen Lebensentwurf genial, im Elternhaus wurde ich als unrealistischer Trottel abgestempelt, verlacht und verhöhnt. Der Dialog, mit dem ich mein Studium begründen wollte und Unterstützung suchte, endete mit der Feststellung *„wie gut, dass du dann noch minderjährig bist“* d.h. man konnte mich auch gegen meinen Willen aus meinem sozialen und schulischen Kontext reißen. Verschleppen ist, denke ich, dass richtige Wort.

Mit einer gelungene Identitätsentwicklung nach Kroger/Marcia hin zu einer erarbeiteten Identität ist nach Unterdrückung oder Behinderung beim Erwachsenwerden in der Flüggephase kaum zu rechnen.

4.2. Biographiebruch in der Flüggephase

Für TCK oder Bikulturelle oder Mehrkulturenpersonen ist und bleibt die Frage: ‚Wo kommst du her?‘ immer schwierig. Was möchte der Fragende wissen: wo ich wohne? Wo ich geboren bin? Wo ich mich zugehörig fühle? *„Es gibt einige Fragen, vor denen TCKs sich zu fürchten gelernt haben. Dazu gehören diese beiden: ‚Woher kommst du?‘ ‚Wo bist du zuhause?‘*[95]

Die akkurateste in der Literaturrecherche gefundene Definition von ‚Zuhause‘ findet sich bei Prof. Dr. Mitzscherlich. Sie geht davon aus, dass die (lebenslange) Entwicklung einer persönlichen Identität ohne Orte und/oder Beziehungen, die gekennzeichnet sind durch Zugehörigkeit, Anerkennung und Beständigkeit, nicht möglich ist. Als relevante Punkte nennt Sie die drei folgenden:[96]

1. *„Das Gefühl nach sozialer Einbindung, Zughörigkeit, Anerkennung - so etwa wie im psychologischen Konzept des* SENSE OF COMMUNITY *- das Gefühl, einer Gemeinschaft zuzugehören.*

2. *Das Bedürfnis nach Gestaltung, Beeinflussung und Handlungsfähigkeit, ähnlich wie im psychologischen Konstrukt eines* SENSE OF CONTROL, *sich zu vergegenständlichen, Möglichkeitsräume zu sehen, zu nutzen und zu erweitern.*
3. *Das Bedürfnis nach Sinnstiftung, Vertrautheit, einbettende Erzählungen, die mir die Welt erklären, sie als durchschaubar und beeinflussbar darstellen -* SENSE OF COHERENCE."

Diese drei Grundbedürfnisse sind die Grundelemente einer gelungen Identitätsentwicklung; gehen sie durch äußere Umstände verloren sind sie nicht ohne Verluste an Entwicklungspotenzial/Identitätsstärke zu kompensieren. Im Klartext: wird ein Jugendlicher in der Flüggephase aus seinem Lebensumfeld gerissen und einem oder mehrerer dieser Elemente beraubt, ist mit erheblichen Einschnitten in der persönlichen Entwicklung zu rechnen.

Mitzscherlich widmet sich in ihrem Buch der Frage nach ‚Heimat' im psychologischen Sinne, sie wirft die Frage auf, warum das Konzept Heimat keinen Einzug in die Psychologie gefunden hat. Sie untersucht das Konzept Heimat im politischen, soziologischen und psychologischen Sinn, distanziert sich von populistischen oder romantisierenden Ideen und kommt zu dem Schluss: Heimat ist ein Ideal, was dennoch sinnstiftend ist und eine innere Richtung gibt, in Zeiten von empfundener ‚Bedrohung' dient sie oft als idealisierter Zufluchtsort der inneren Stabilisierung, im schlimmsten Fall mit faschistischer Konnotation.[97]

Mitzscherlich definiert als Konklusion wie folgt „*Heimat ist ein psychologisch komplexes, vielfältig zusammengesetztes und individuell unterschiedlich konstruiertes Phänomen, das zentral in der Emotionalität von Menschen verankert ist. Es wird auf biographische Erfahrungen, aktuelle Lebensbedingungen und Zukunftsvorstellungen bezogen, dabei partiell als Problem erfahren und politisch besetzt.*"[98]

Mitzscherlichs Biografie sensibilisiert sie für das Thema: als Sorbin eine Minderheit in der DDR und später als ‚Deutsche' im Ausland unterwegs, stellt sich ihr die Frage nach der Bedeutung von ‚Heimat' und Zugehörigkeit schon früh. Sie wird nach der Wende zur Beobachterin und Analytikerin einer politischen Umwälzung, der Biographiebruch vieler DDR-Bürger reißt diese aus dem (Arbeits-) Leben, viele junge Leute müssen sich neu orientieren, ohne dass die Eltern aus ihrem Erfahrungsschatz flankierend beistehen könnten. Hier ergibt sich die Schnittstelle zwischen den Jugendlichen mit nicht problemlos abgeschlossener Flüggephase und ihrem Theorem der „BEHEIMATUNG ALS PROZESS". In diesem Prozess gehe es *„immer um die Diskrepanz zwischen individuellen Bedürfnissen nach Einbindung, Anerkennung und sozialer Positionierung einerseits und sozialen, regionalen bzw. kulturellen Möglichkeitsräumen dafür andererseits.*"[99] Für diese Entwicklung dokumentiert sie „Beheimatungsstrategien", die viel mit der Eigennarration (wie die Person sich und ihre Geschichte selbst darstellt) und dem Selbstverständnis in der Gemeinschaft zu tun haben.

Die Interviewpartner ihrer Pilotstudie sind junge Personen, die eine Biographiebruch wagen (z. B. aus den neuen Bundesländern in die alten Bundesländer ziehen, vom Land in die Stadt, junge Leute aus wirtschaftlich ‚sterbenden' Regionen, die sich neu orientieren müssen).

Dabei wird deutlich das ‚Zwang' oder ‚Desinformation' maßgebeblichen Einfluss haben. ‚Kein Mitentscheidungsrecht' oder ‚mangelnde Information' über die neue Lebenssituation werden zu entscheiden Faktoren zum Erfolg im ‚Beheimatungsprozess'.

„Zusammenfassend lässt sich also sagen, daß die psychologische Problematik von Beheimatung zunimmt

- [..]

- je plötzlicher und existentieller (also alle Lebensbereiche umfassend) eine Trennungserfahrung ist

- je geringer der eigene Entscheidungsspielraum bzw. je mehr Zwang damit einher geht

- je weniger soziale Unterstützung am neuen Ort bzw. in der neuen Kultur gefunden wird und je länger es dauert, bis die soziale Re-Integration gelingt.“[100]

Dieser Prozess ist für jedes Individuum unterschiedlich, endet in der Regel aber erfolgreich nur dann, wenn für den Einzelnen die Grundpfeiler der kulturell-sozialen Lebensbedingungen der drei ‚senses‘ (community, coherence, control) wiederhergestellt sind. Erst dann kann eine abschließende, positive Erarbeitung oder Weiterentwicklung der eigenen Identität erfolgen, allerdings nicht mehr epigenetisch ‚zum richtigen Zeitpunkt‘, also mit einer eher ungünstigen Prognose für die weiteren Lebensphasen und dem späteren commitment.

Laut Mitzscherlich haben alle Beheimatungsprobleme *„mit einem Defizit an sozialer Integration und mit einer daraus resultierenden emotionalen Verunsicherung zu tun; sie führen damit zu Fragen über die eigene Identität“.*[101]

In der oben aufgeführten Aufzählung fehlt der erste Punkt. Er lautet

- „je früher ein Verlust, eine Trennung, ein kultureller Konflikt oder eine umfassende Neuorientierung einsetzt“.[102]

Diesem Punkt widerspreche ich mit den zusammen getragenen Beobachtungen in dieser Arbeit. Es gelingt Kindern, die nicht in der Flüggephase sind, allgemein viel besser und nachhaltiger, sich auf ein neues Lebensumfeld einzustellen: es geht einfach noch nicht ums Ganze, Kinder sind nicht in einer labilen Umbruchsphase und nicht mit dem eigenen Persönlichkeitsentwurf /Berufswahl beschäftigt.

Frühe Traumatisierungen können ohne Zweifel im Verlauf eines Lebens zu zwischenmenschlichen Problemen führen, etwa Bindungsängste oder Verlust des Urvertrauens oder Depressionen; dennoch kann man diesen Unwegsamkeiten mit der passenden sozialen Rolle/Beruf besser begegnen als ohne. Auch kann eine Auslandserfahrung vor der Flüggephase oder danach eine Bereicherung für Kinder / junge Menschen sein. Eltern könnten ihren Tunnelblick aufgeben und die Flüggephase auch für ihre Kinder erlebbar machen, indem sie akzeptieren, dass diese nicht mehr in ihrem Kulturkreis heimisch werden, glücklich werden, ganz werden. Dies geschieht nach meinem Beobachtungen viel zu selten.

Alle Interviewten hätten bei einem nicht forcierten Biographiebruch eine stabilere Persönlichkeit entwickelt und bestehende und zukünftige Probleme mit einem anderen inneren ‚standing' begegnen können. Ihre Entwicklung wäre besser verlaufen, wenn die Probanden mit finanzieller und emotionaler Unterstützung seitens der Kernfamilie, behelfsmäßig des Staates (Studiumfinanzierung), ihre Berufsfindung entsprechend ihrer Neigung hätten beenden können. Sie hätten die epigenetische Phase V zusammen mit ihren ‚peers' abschließen können, wenn keine Entwurzelung unter Zwang / Desinformation stattgefunden hätte. Zur Erinnerung: *‚Laut Erikson kommt es bei der Berufswahl zu einem Zusammentreffen multipler identitätsgebender Faktoren, wie z. B. persönliche Fertigkeiten, charakterliche Eignung, eigenem Geltungsbedürfnis, gelungener Impulssteuerung und einem Gefühl der Verbundenheit mit vergangenen sozialen Rollen /Identifikationen in der Kindheit.'* (vgl. Kapitel 2)

Mitzscherlich selbst stellt Tony[103] vor, das Paradebeispiel einer unterbrochenen Flüggephase, der auch die schwersten Anpassungsstörungen mit fehlender Identitätsfindung/Persönlichkeitsentwurf zeigt.

Tony hat so massive (Beheimatungs-) Probleme, dass er straffällig wird, um eine eigene ‚Identität' entwerfen zu können. Dabei muss klar festgehalten werden, dass er nicht aus einer Familie stammt, die keinen sozialen Rückhalt hätte geben können oder wo eine frühe Traumatisierung durch soziale Defizite zu vermuten ist, seine zwei ‚gesund entwickelten' Geschwister sprechen dagegen und auch er äußert sich positiv zu seinem Elternhaus. Tonys Problem ist einzig der Biographiebruch in der Flüggephase.

5. Analyse

Im Folgenden werden sechs Personen vorgestellt, die Umbrüche in der Flüggephase zu bewältigen hatten. Die Original Essays befinden sich, soweit vorhanden, am Ende des Buches. Es handelt sich bis auf Ilpo nicht um Enklavenkinder, sondern um bi- oder multikulturell aufgewachsene Jugendliche, die die Majoritätskultur als einen wichtigen Bezugspunkt haben. Unter ihnen auch Tony, der eingebettet im sozialen System der DDR aufwächst. Zur Beurteilung ihrer Situation und zur möglichst objektiven Bewertung werden folgende Kriterien herangezogen:

Sense of Community, im Sinne eines Gefühls der Zugehörigkeit, Einfluss und Anerkennung in der Gemeinschaft, Erfüllung von wechselseitigen sozialen Erwartungen und einer emotionalen Verbindung.[104]

Nach dieser Definition und auch nach den Ausführungen Mitzscherlichs bedarf es keiner territorialen Zugehörigkeit, es handelt sich eher um ein Geflecht aus menschlichen Bindungen und funktionalen Zweckgemeinschaften (Freunde, Familie, Kollegen, Gemeindemitglieder etc.)

Sense of Coherence, eine Definition der IDAG (Institut für präventive Diagnostik, Prävention und Gesundheitsforschung) liefert die Übersetzung Kohärenzgefühl. M. E. impliziert dieser Faktor auch das Verständnis der eigenen Rolle bzw. Funktion innerhalb einer Gruppe.

„Das Kohärenzgefühl (sense of coherence) ist eine Grundüberzeugung, dass das Leben sinnvoll ist und man es erfolgreich meistern kann, auch wenn es immer wieder kurzfristig zu Problemen kommen kann. Der Kohärenzsinn ist dabei ein Faktor im Modell der Salutogenese (Was hält den Mensch gesund?). Begründer Aaron Antonovsky verstand

das Konzept des Kohärenzgefühls ‚als Kern der Antwort auf die salutogenetische Fragestellung.'"[105]

Es setzt sich aus drei Teilkomponenten zusammen: Verstehbarkeit der eigenen Person und der Umwelt (comprehensibility), Gefühl von Bedeutsamkeit oder Sinnhaftigkeit (meaningfulness) und Handhabbarkeit und Bewältigbarkeit (manageability)".[106]

Sense of Control „*The sense of personal control is the belief that you can and do master, control, and shape your own life. Its opposite is the sense of personal powerlessness.*"[107]

Mitzscherlich hält eine Trennung der Begriffe für künstlich und nicht zielführend. „*Heimat als psychologischer Begriff verbindet also den Bedeutungsgehalt dreier Begriffe, die bisher getrennt diskutiert wurden: sense of community, sense of control und sense of coherence.*"[108] Dieser Schlussfolgerung schließe ich mich in dieser Arbeit an.

Mitzscherlich erklärt es so: „*Auf der Handlungsebene geht es bei der Beheimatung [...] nicht nur um die Sicherung der eigenen Existenz, sondern um die Gestaltung und Erweiterung von eigenen Handlungsmöglichkeiten. Es geht dabei um die Integration von sense of community, sense of control und sense of coherence als Voraussetzung psychischen Wohlbefindens.*"[109]

Neben diesen drei Elementen, ohne die eine ‚Beheimatung' oder eine Weiterentwicklung auf persönlicher Ebene kaum möglich ist, kommt erschwerend in der Flüggephase hinzu, dass ohne finanzielle Unterstützung in den westlichen Industriegesellschaften bzw. Schwellenländern kaum eine professionelle Berufsfindung möglich ist. In einigen Ländern, wie Deutschland, ist finanzielle Unterstützung durch den Staat bedingt möglich. Auch ohne emotionale Unterstützung ist die Phase V des Ablösens und ‚flügge Werdens‘ kaum zu schaffen, denn der *„schließliche Zusammenbau [...] der Identitätselemente gegen Ende der Kindheit scheint eine unerhört schwierige Aufgaben zu sein.“*[110] Erikson verweist vielfach und immer wieder auf die Notwendigkeit der positiven Rückmeldung des sozialen Umfeldes hin, ohne dies ergibt sich für ihn keine gelungene Ich-Synthese und auch keine Persönlichkeit, die innere Ressourcen aufbringen kann, um handlungsfähig zu werden. Offensichtlich ist diese Anerkennung, welche im besten Fall zu einer Identität im Einklang mit der Gruppe und doch wie für das Individuum gemacht, führt, essenzieller Bestandteil der Identitätsbildung generell und besonders in der Flüggephase.

Zur strategischen Untersuchung ist es nach Erikson besonders wichtig, dass in dieser Phase eine *„Verknüpfung der in der Adoleszenz gefundenen letzten Fassung der Ich-Identität mit wirtschaftlichen Möglichkeiten, realisierbaren Idealen und erlernbaren Techniken“*[111] stattfindet oder stattgefunden hat. Einer der Betrachtungspunkte in der Analyse wird also emotionaler und finanzieller Rückhalt (im Sinne der ‚Flüggephase‘: Versorgung durch die Alttiere, Finanzierung und Unterstützung in der Wahlheimat) zur gelungenen Berufsfindung sein. Deshalb fließt als weiteres Kriterium eben dies ein.

5.1. Kate

Kate ist in den Staaten aufgewachsen und ist nach der Scheidung ihrer Eltern mit ihrer Mutter vermeintlich ‚nach Hause‘ gegangen. Sie war gut integriert in ihrem US-amerikanischen Umfeld, hatte Freunde und einen Freund. Dem Weg aufs College zusammen mit ihren Altersgenossen steht nichts entgegen. Die Rückkehr in die Heimatstadt der Mutter reißt sie aus der Highschool, jetzt heißt die

Oberstufe Preparatoria. Sprachprobleme treten nicht in den Vordergrund, da Kate zweisprachig aufgewachsen ist.

5.1.1. SENSE OF COMMUNITY

Kate verliert nach der Umsiedelung ihr Gefühl einer Gemeinschaft, auch einer Wertegemeinschaft im Sinne von gemeinsamer Tiefenkultur anzugehören. Sie findet in der mexikanischen Kleinstadt weder ein Gefühl der sozialen Zugehörigkeit und kann sich nur begrenzt bleibende Freundschaften schaffen. Die Wertedifferenz zu den Gleichaltrigen sorgt für bleibende Distanz. Aus Kates sozialem Umfeld vor dem Umzug nach Mexiko sind keine Dissonanzen bekannt, dafür ergeben sich rasch Probleme im neuen Umfeld. In der Schule wird ihre offene Art, Dinge anzusprechen und sich mit Jungen und Mädchen zu befreunden, bald kritisch beäugt „*some of the adults didn´t like my free way of talking and speaking my mind*“, einige Mädchen und Lehrer scheinen über sie zu reden, die Noten leiden und als Gegenreaktion zeigt sich Trotz „*So I started to not care about some that were rejecting me*“ und hernach die Verweigerung in der Schule, Spanisch zu sprechen. „*Instead of school or family seeing this as a desperate way of maintaining a feeling of 'I am still me' they reacted with strictness [...] they did not help me*” . Es endete mit einem Schulverweis und dem Versprechen an die Mutter, sich mehr in der Schule zu bemühen.

Kate ist von ihrer Essenz her nicht ablehnend oder aggressiv, sie scheint sich regelrecht Anerkennung, Rückhalt, Zugehörigkeit zu wünschen, sie wünscht sich Erwachsene, Lehrer, erwachsene Bezugspersonen „*It would have been better if I had a teacher I could talk or familiy or friends of my mothers, but the adults were driving me crazy, so catholic, so closed minded [...] I felt there was noone on my side.*“

5.1.2. Sense of coherence

Für Kate ist das Wertesystem so anders als das von ihr verinnerlichte, dass sie Dinge, die selbstverständlich für sie - als positive Errungenschaften - galten, als solche nicht nur nicht anerkannt, sondern negativ bewertet werden.

Die Tiefenkultur, dieser nicht-sichtbare Teil der verinnerlichten Selbstverständlichkeiten, die Differenzen zwischen dem sozialen Umfeld und den inneren Erleben von Kate bleiben unüberbrückbar, die nicht-sichtbaren Überzeugungen (wie ich mich selbst positioniere, Geschlechterverhältnis usw.) passen nicht in das neue Umfeld, weder zur Zeit des Schulbesuchs, noch um bleibende tiefe Bindungen zu schaffen, so äußert sie sich enttäuscht über die Entwicklung ihrer Freundschaften nach dem Verlassen der Schule und spricht von unterschiedlichen Lebensauffassungen. Bis heute haben sich einige innere Einstellung, die damals nicht mehr galten, unverändert als innere Wertvorstellung gehalten. Das Umfeld war "*so full of guilt around sex and around equality for girls. I felt I never did get any positive feedback for things I still believe to be correct: like speaking openly, having friends of both sexes and discussing openly what you thought should be different.*"

5.1.3. Sense of control

Am gravierendsten beschnitten ist Kates eigene Handlungsfähigkeit, sie hat Ideen, jedoch keine Möglichkeiten zur Gestaltung einer eigenen, selbst geplanten Zukunft. „*And I saw no future ahead, no one gave me ideas or supported mine* [...]". Wohler fühlt sie sich erst nach der Rückkehr in die Staaten und eigener Lebensgestaltung, erst da werden ihre Handlungen wieder ‚wirksam', die Planung des Lebensweges liegt wieder bei ihr. Der Kontrollverlust ergibt sich einmal aus fehlender Information und dem Fehlen an Mitspracherecht, auch später fühlt sie sich emotional gegenüber der Mutter verpflichtet und limitiert ihren eigen Entscheidungsradius durch das Gefühl der emotionalen Verpflichtung.

5.1.4. Emotionale/Finanzielle Unterstützung/ Berufsfindung

Kates Mutter ist sich nicht darüber im Klaren, dass es für Kate keine Rückkehr ‚nach Hause' ist, sie reagiert mit Unverständnis auf die Fehlversuche der Beheimatung ihrer Tochter und den Schulverweis. Sie macht keine Anstalten, auf Kates Bedürfnisse und Schwierigkeiten einzugehen, es scheint, die Erwartungen der Gemeinschaft haben großen Einfluss auf sie und sie verurteilt ihre Tochter mit den Augen/Werten ihrer Heimatkultur *„my mother at some point took their side"*. Sie verbalisiert klar ihren Wunsch nach Anerkennung, fühlt sich aber schuldhaft gebunden an ihre ‚poor mother' die so hart arbeiten muss und späterhin auch noch krank wird *„…but I didn´t want to leave my mother alone"*. Kate erfährt keine finanzielle Unterstützung, die Finanzierung eines Collegebesuches in den Staaten ist mit einem Gehalt in Mexiko nicht machbar. Kates Vater ist in ihrer Erinnerung für sie nicht erreichbar, nicht ansprechbar. Die Gründe bleiben hier unklar.

5.2. Beatriz

Beatriz hat noch vor ihrem 14. Lebensjahr acht Mal die Schule gewechselt, die Familie unterliegt den künstlerischen Selbstverwirklichungsambitionen des Vaters, die Bedürfnisse der Kinder (Beatriz hat zwei ältere Brüder) stehen hintan. Um berühmt zu werden, geht die mexikanische Familie in die Staaten, wird aber auch dort nicht sesshaft.

Animiert durch die Frage nach ihrem Aufwachsen als Mehrkulturen/Binationales und zweisprachiges Kind (Beatriz Mutter ist US-Amerikanerin) beschäftigt sie sich erstmals mit dem Konzept der Entwurzelung und stellt eine über Generationen fortlaufende Entwurzelung in ihrer eigenen Familie fest, die sie für sich selbst und ihre Kinder nicht durchbrechen kann bzw. konnte.

5.2.1 Sense of community

Nach der Rückkehr in das Passland ihrer Eltern (Mexiko) blieb Beatriz in der Regel für sich und erlebt keine soziale Einbindung (sense of community). Beatriz selbst nimmt wahr, dass das soziales Umfeld sie nicht akzeptiert. Vom extrovertierten, fröhlichen Wesen und einem positivem Erstkontakt bleibt oft keine beständige Bindung zurück. „*My teenage years were so bad, not only because I was not in school [...] I of course did not have people my own age to relate to*".

5.2.2 Sense of coherence

Durch die Betonung der Familie auf ihr Künstlerdasein gibt es für Beatriz keine bleibenden - vielleicht bürgerlichen – Selbstverständlichkeiten und es gibt keine alten Bekannten, keine erweiterte Familie, das Motto ist ‚wir sind sowieso anders.' Beatriz entwickelt kein Kohärenzgefühl, alles ist relativ, innerhalb der Familie kommt es ebenfalls zu Konflikten, späterhin zur Scheidung der Eltern und Kontaktabbruch mit den Geschwistern. Sie kann zwar die Unterschiede z. B. zwischen den Schulsystemen benennen, „*and I knew that math would be harder since it is way behind in the United States for they don't use the decimal system*", fühlt sich aber einem neuerlichen Wechsel, der dauerhaften Außenseiterrolle nicht mehr gewachsen „*[...] moved back to Mexi-*

co and I told my parents I would not go to school anymore. I was sick of the bullying and of the teachers [...]". Die Möglichkeit der Abendschule/Erwachsenenbildung nimmt sie auch späterhin nicht wahr.

5.2.3. Sense of control

Es gelingt ihr nicht, sinnvoll und zukunftsbezogen zu handeln und Chancen für sich zu generieren (sense of control), dabei kann sie freier entscheiden als andere junge Leute, da dies dem Erziehungsstil der Eltern entspricht, erhält aber durch fehlende Lenkung umd mangelnde Kontinuität im sozialen Umfeld keine Möglichkeit, eigene Pläne und Ideen realistisch zu planen. Die Freiheit endet dann, wenn keine finanziellen Möglichkeiten mehr da sind und kein passender Beruf erlernt/ausgeübt wurde. Die von den Eltern gewährte Freiheit oder Passivität ist somit nicht geeignet, ein Leben im Sinne von „sense of control" und tatsächlichem Freiraum zur eigenen Lebensgestaltung zu flankieren. Bis heute wohnt Beatriz im Elternhaus, pflegt jetzt ihre Mutter.

5.2.4. Emotionale/finanzielle Unterstützung/ Berufsfindung

Beatriz beendet auf eigenen Wunsch die Schule, ihr ist klar, dass sie sehr viel wiederholen müsste, um in Mathematik und dem metrischen System mitzuhalten. Die Eltern sind enttäuscht, "*MY PARENTS WERE TOTALLY DISAPOINTED THAT I WOULD NEVER FINISH MY STUDIES*" obwohl Beatriz intelligent ist und leicht lernt. Beatriz Eltern bestehen nicht auf einer Fortführung der Schule, eine Förderung oder Beeinflussung hin zu einer ‚bürgerlichen' Entscheidung erfolgt in der Künstlerfamilie nicht. Die 14-jährige soll selbst entscheiden. Die älteren Brüder haben in Sachen Qualifikationserwerb keine Vorbildfunktion, beide werden Künstler. Das Verhältnis zum Vater bleibt distanziert, das zur Mutter wird über die Jahre intensiver. Einen Abschluss macht Beatriz nie, trotz großem persönlichen Unabhängigkeitsstreben und freigeistigen Charakter kann ein Auszug aus dem elterlichen Haushalt nie gelingen, bis dato lebt sie bei der Mutter und lebt von deren Renteneinkünften. Beatriz erlebt keine Flüggephase, sie wird nie aus dem Elternhaus ausziehen, kein eigenes Lebensmodell entwickeln. Unterstützung in Form von anderen Erwachsenen, z. B. Freunde der Eltern, Tanten, Onkel usw. erhält sie nicht, da die Eltern selbst entwurzelt sind.

5.3. Marie

Marie wächst in Deutschland auf, ihre Mutter kommt aus Polen, ihr Vater ist Deutscher. Die Eltern trennen sich früh, die Kernfamilie Mutter, ältere Schwester und Marie rücken zusammen; auch die Großmutter in Polen ist fester Bestandteil in Maries sozialem Umfeld. Später stirbt der Vater und Marie verliert auch die Großmutter. Maries Flüggephase hätte in Deutschland erfolgreich verlaufen können, aber die Mutter verlässt Deutschland, als Marie mit bereits gewählten Leistungskursen die Oberstufe besucht.

5.3.1. Sense of community

Marie fühlt sich als Kind geborgen, die Differenzen zwischen ihrer Majoritätskultur und dem polnischen Teil der Familie fallen ihr nicht auf. In der Regel fühlt sie sich als ‚die Polin‘ in Deutschland. Als die Mutter den Wegzug aus Deutschland verkündet, greift die Gemeinschaft, die sich Marie geschaffen hat, helfend ein. Die Eltern einer Freundin begleiten sie zum Amt, die ältere Schwester besorgt ein Zimmer in ihrer WG. *„Die Eltern meiner besten Freundin gingen mit mir mit zum Jugendamt, um alles in die Wege zu* *leiten das ich bleiben konnte. Allein hätte ich das nicht geschafft. Meine Schwester konnte mich erstmal mit in ihre WG nehmen. Meine Mutter ging trotzdem."* Marie leidet unter der mangelnden Unterstützung, denn als weitere emotionale Hürden, (Immatrikulation, Trennung) anstehen, reist sie gerne zurück nach Polen auf der Suche nach Rückhalt und Geborgenheit, die ihr jedoch nicht zuteilwerden.

Der Anschluss an Gleichaltrige gelingt ihr in Polen nicht, die streng verteilten Rollen von Mann und Frau werden von ihr unterlaufen, bzw. waren nicht verinnerlicht und werden von ihr als ‚Norm' nicht anerkannt. Der Anschluss an andere junge Frauen fällt ihr schwer: *[...] den Jungs war es peinlich, wenn ich mich neben sie in den Hof stellte, die Mädchen fanden mich seltsam, weil ich nicht kochen konnte und es auch nicht lernen wollte"* (Z. 401ff.)

„Jetzt war ich öfter dabei, wenn die Clique um meine Cousine sich traf, ich glaube, die sollten mich mitnehmen. Aber ich fand die Gespräche langweilig. Es ging um Rezepte, Vorstellungen wie ein Mann sein soll (arbeitsam und nicht trinkend), sogar Hochzeitsplanung."

5.3.2. Sense of Coherence

Für Marie sind einige Werte der Majoritätskultur bereits verinnerlicht: Schule, Uni, Beruf. Sie reagiert hilflos und überrascht, als die Mutter jegliche Unterstützung verweigert und sie aktiv in eine andere Richtung drängt. Maries Wertesystem, ihr Sicht der Welt gerät mit derjenigen der Mutter aneinander. *„Etwa ein halbes Jahr später verkündete meine Mutter, dass wir zurück nach Polen ziehen werden. Nicht irgendwann, sondern mitten im Abitur, die Leistungskurse waren gewählt und schon ein Umzug in Deutschland wäre da schwierig geworden, meine Freunde waren geschockt.*

Eine aus meiner Stufe war sogar für die {Leistungskurse} bei Verwandten eingezogen, damit sie wegen {denen} in der Oberstufe nicht wechseln muss.“ Für Marie weicht das Verhalten ihrer Mutter von dem anderer Peergroup Mütter/Familien ab. Ein Bruch in der Oberstufe wird vermieden, um das Abitur nicht zu gefährden; Maries Mutter verhält sich nicht entsprechend dem Wertesystem der Majoritätskultur und Marie - in der Flüggephase - reagiert entsprechend hilflos *„Was sollte aus meinen Plänen werden. Ich wollte studieren [...].”*

Auch ein Kohärenzgefühl mit den Werten der anderen, möglichen Peergroup gestaltet sich schwierig, Marie fehlt eine Bezugsgruppe, mit der sie sich identifizieren kann und gegebenenfalls anschließen kann. Sie vergleicht die Unterschiede der alten Bezugsgruppe mit der Neuen und finden kaum Gemeinsamkeiten. *„Die Mädels auf der Schule hatten auch über Jungen gesprochen, aber es gab auch Debatten über Politik oder Themen, über die man im Unterricht gesprochen hat. Und Zukunftspläne, die nicht ausschließlich heiraten und Kinder kriegen waren.“*

5.3.3. SENSE OF CONTROL

Marie siedelt - Abitur in der Tasche - in der Flüggephase nach Polen über, ins Haus ihrer Mutter. An ihren inneren Wertvorstellungen, nach denen sie ihr Leben gestalten will, ändert dies nichts. In Polen wird man wohl auch studieren können - mit dieser Überzeugung - und auch, dass diese Entscheidung vom sozialen Umfeld gern gesehen und unterstützt wird, reist sie an ohne vorher genügend Informationen zur neuen Situation (Immatrikulationsvoraussetzungen etc.) in Erfahrung gebracht zu haben. So kann sie z. B. aufgrund von Sprachbarrieren nicht einfach die Hochschule besuchen, sondern verweilt in einem ungewollten Wartezustand im Elternhaus.

Die Dinge geraten für Marie ‚aus den Fugen', sind für sie nicht mehr zu bewältigen oder treffen sie auch unerwartet, zu groß sind die von ihr nicht erwarteten Abweichungen, die zwei Drittel des (kulturellen) Eisbergs, die unter dem Wasser sind. Bis heute steht Marie dieser traditionellen Einstellung fremd gegenüber. Ein wichtiger Kontrollverlust betrifft auch die eigene Zugehörigkeit, eine erste Antwort auf die Fragen der Zugehörigkeit, fast alle TCKs fühlen sich als z. B. ‚die Deutsche, die Mexikanerin' - also entsprechend dem Passland der Eltern im Ausland und machen nach den Beobachtungen Pollocks et all immer die Erfahrung, dass sie bei einer Rückkehr auch hier wenig Zugehörigkeit empfinden. *„Es war wohl doch nicht zuhause, obwohl ich das immer gedacht hatte und mich als „die Polin" in Deutschland gefühlt hat."* Hier reagiert Marie TCK typisch.

5.3.4. EMOTIONALE/FINANZIELLE UNTERSTÜTZUNG/ BERUFSFINDUNG

Mit hinreichend emotionaler oder optional auch nur finanzieller Unterstützung ist es als wahrscheinlich anzusehen, dass Marie den Einzug auf eine Universität in der Majoritätskultur geschafft hätte. Sie zeigt kein rebellisches Verhalten, sondern sucht die Nähe zu ihrer Mutter. *„Ich freute mich sogar auf sie, war sie doch nun der verbliebene Rest meine Familie."*

„Aber auf emotionale Unterstützung ist nicht zu hoffen Meine Mutter lachte mich aus." Sie erfährt auch keine Anerkennung für ihr Flüggekonzept, ihren Lebensentwurf. *„Sie war eh gegen meine Pläne zu studieren."*

„Für das was ich sagte oder ins Gespräch bringen wollten, die Sprachschule, die Uni, ein Mofa, um überall hinzukommen, blieb sie taub."

Die Rückkehr nach Deutschland bringt zumindest erstmal finanzielle Erleichterung durch BAföG, aber wie so viele stellt Marie fest: *„dass ich noch neben dem Studium arbeiten musste um über die Runden zu kommen*“. Dann stellt sich heraus, dass hohe Motivation allein nicht ausreicht, um Marie zu einer erfolgreichen Studentin zu machen, der emotionale Zuspruch, den die Kommilitonen bekommen, fehlt ihr *„Sie (die Kommilitonen, die von den Eltern unterstützt wurden) hatten auch bessere Zensuren und ich hinkte im Studienfortschritt immer weiter hinterher.“*

Letztendlich wurde Marie exmatrikuliert und erhielt kein BAföG und auch keine andere staatliche Unterstützung mehr. Sie beendet den Bachelor im zweiten Anlauf verspätet und jobbt nebenher.

In einer Äußerung Maries finden sich geballt nochmal die Probleme von Mehrkulturenkindern, die in der Flüggephase aus ihrer Majoritätskultur gerissen werden und deren inneres Wertesystem sich an ihre Sozialisationsumgebung angepasst hatte: *„Offensichtlich war ich für sie (Mutter) ein Problem, weil ich so komische Ideen habe (d. h. Wertevorstellung wie studieren). Wenn ich heute zurückdenke, kann ich nicht verstehen, warum mir keiner geholfen hat.“*

Für Marie ist die ausbleibende Hilfe aus der Familie nach ihrer Sozialisierung in Deutschland, wo sogar ‚fremde Eltern mit ihr zum Amt gehen‘, emotional bis heute nicht nachvollziehbar.

5.4. Rebecca

Rebecca verlässt nach der fünften Klasse das Passland der Eltern und ist mit 15 vollkommen in der neuen Umgebung angekommen. Als Teil ihrer Peergroup plant sie ein Studium in ihrer Majoritätsgesellschaft, in der sie für ihre Zukunftsvision aus dem sozialen Umfeld Anerkennung und Achtung erhält und auch sucht, insbesondere bei anderen Erwachsenen im Bereich ihrer Jugendfreunde. *„Oft wurde ich [von anderen Peergroup Eltern] den eigenen Kindern als Vorbild dargestellt, gerne auch mit positiven Vorurteilen wie „deutsch" ich sei, also zielbewusst, organisiert, strukturiert, zuverlässig."*

Diametral gegensätzlich verläuft die Anerkennung im Elternhaus: ihr Flüggekonzept wird ins Lächerliche gezogen. Auch später, als sie frisch geschieden die Nähe zur Familie sucht und ihre gewohnte Umgebung verlässt, erhält sie weder finanzielle noch emotionale Unterstützung für ihr Flüggekonzept. Rebecca erlernt einen für sie ungeeigneten Beruf und findet nie Anschluss an die Majoritätskultur im Passland der Eltern.

5.4.1. Sense of community

Rebecca fühlt sich in der Gesellschaft, in der sie aufgewachsen ist, vollkommen angenommen und zuhause. Sie hat großen Rückhalt und eigene Pläne, es gibt diverse Erwachsene, die sie beraten und bestärken. *„auch die Mütter der Freunde hatte ich einbezogen. Schließlich wussten die, wie das alles funktioniert, was machbar ist und welche Schule/Uni gerade einen guten Ruf hat usw."*

Ein soziales Umfeld vergleichbar mit dem dichten Geflecht an Freunden kann in der neuen Umgebung nicht geschaffen werden. *„Die Angebote für „junge Mütter" sind nichts für mich. Junge Leute, die ich intellektuell interessant finde, habe in ihrem sozialen Umfeld keinen Platz für jemanden mit Kind. Das ist uncool. Ich bin uncool. Kinder gehören in diesem Land nicht dazu, auch damit habe ich nicht gerechnet."*

5.4.2. Sense of coherence

Auf die neue Gesellschaft ist Rebecca nicht vorbereitet und kennt sich überhaupt nicht aus. Die Werte ihres Sozialisationsgesellschaft sind nicht mehr gültig, z. B. wer arbeitet, verfügt auch über Geldmittel und kann etwas sparen. *„Ich könnte an der Tankstelle anfangen, aber als ich recherchiere, falle ich fast um: das kann ich mir nicht leisten, das Arbeiten. Wo bin ich hier gelandet?"*

Auch Selbstwahrnehmung, das sogenannte „erkannt werden" nach Eriksson ist im neuen Umfeld für Rebecca nicht realisierbar, sie findet sich in der ihr übertragenen Rolle nicht wieder. *„Ich bin eingesperrt in einem asozialen Wohnhaus. Deutlich bekomme ich mit, dass ich jetzt zur Unterschicht gehöre, ich bin arm, ohne Freunde oder Bekannte und bekomme deutlich zu spüren wie man über junge Mütter denkt. Aus der Oberschicht, als geachteter Mensch mit vielen sozialen Kontakten und einer vielversprechenden Zukunft lande ich in der Unterschicht, [...]."*

5.4.3. Sense of control

Jegliches Kontrollgefühl verliert Rebecca, als sie zur Alleinerziehenden in der Unterschicht im Passland ihrer Eltern wird, fühlt sich hilflos und stellt fest, dass eine Unterstützung, wie sie das aus ihrem Herkunftsland kannte, nie geplant war. *„Termin beim Sozialamt (was ist das?)"* und ihre Pläne und Vorstellungen von der Zukunft sind unvereinbar mit dem deutschen System, was sogar von fremder Seite gespiegelt wird als Berufserfahrung und Zeugnisse nicht anerkannt werden. *„Ein Berufsberater auf dem Arbeitsamt hat sich ganz zu Anfang in Deutschland mal alles angehört, was ich so wollte und schon gemacht hatte und sagte: ‚Sie sind für dieses System verdorben.'"*

Das Gefühl funktionieren zu müssen, führen zu einem freudlosen Leben in sozialer Isolation, die verschiedenen Lebensrealitäten und der Statusverlust können nicht durch persönliche Ressourcen, aufgefangen werden, da diese in der Flüggephase nicht im Sinne von Gestaltungsmöglichkeiten erreichbar sind. *„Ich bin gefangen in Tatsachen, auf die ich mich so nie eingelassen hätte. Die Falle schnappt zu." „Ein Agieren ist in keiner Richtung möglich, die soziale Isolierung ist komplett, die Umstände sind komplett anders".*

Pollock et all kennen dieses Phänomen bei TCKs: *„Unsere Stellung in der neuen Gemeinschaft ist im Grund eine Statuslosigkeit. Wir haben unser Wissen aus vorherigen Erfahrung [...] aber nichts von all diesem Wissen ist uns am Neuen Ort von Nutzen."*[112] Beruflich hat Rebecca keine Gestaltungsmöglichkeiten, ohne (deutschen) Abschluss und mit Kind.

5.4.4. Emotionale/finanzielle Unterstützung/ Berufsfindung

Rebecca entwirft in Mexiko einen majoritätskonformen Berufs- und Persönlichkeitsentwurf, dieser wird aber in der (deutschen) Parallelwelt der Eltern weder wahrgenommen noch be- oder geachtet. Während das Umfeld positiv oder sogar bewundernd reagiert, erfolgt die Erniedrigung im Elternhaus mit einem zusätzlichen Moratorium bzw. konkreter Drohung: Du wirst noch als Minderjährige, auch gegen deinen Willen, verschleppt. Ähnlich wie Manny, der ebenfalls mit 17 zwangsverheiratet werden soll, steht Rebecca mittelos da und ist auf fremde (auch finanzielle) Hilfe angewiesen. *„Zuhause sehe ich mich zwei Erwachsenen gegenüber, die meine Zukunftsvision und Studienpläne für absurd, kindisch und unrealistisch halten. Letztendlich löst sich mein Schulgelddilemma, als die Mutter meines ersten Freundes dieses zahlt."*

Rebecca fehlt jegliche finanzielle oder emotionale Unterstützung für die Gestaltung ihrer Zukunft in ihrer Wahlheimat. *„Als beratende Instanz und verlässlicher, erwachsener Interaktionspartner fallen die Eltern komplett aus, ich halte mich viel an die Eltern meiner Freunde und deren ältere Cousins und Geschwister, die schon studieren."*

Besonders markant auch hier der Bruch zwischen den Generationen bzw. der fehlende Wille, sich zu integrieren. Während die Eltern ‚nur zum Arbeiten im Ausland sind' und sich selbst als ‚Gastarbeiter/Gäste im Land sehen' ist Rebecca ‚Immigrantin/Auswanderin', ihre Werte und Ziele differieren von denen der Eltern und gehen konform mit denen der Majoritätsgesellschaft *„Mein soziales Umfeld, die Freunde ebenso wie deren Mütter sind geschockt. Die Haltung der Eltern wird als völlig absurd wahrgenommen, man schüttelt den Kopf über sie*."

Interessant ist, dass Rebecca es im Passland der Eltern schafft, die Werte des für sie fremden, neuen Umfeldes zu erfassen und nicht nur alle formalen Kriterien (nachgeholter Schulabschluss, kaufmännische Ausbildung usw.) zu erfüllen, sondern auch noch einen neues Flüggekonzept mit einem neuen Berufsbild innerhalb des Wertesystem der neuen Ist-Gesellschaft findet, von dem sie sich erhofft, dass es besser zu ihr passt. *„und - das Beste - es gibt eine Übernahmegarantie, einen unbefristeten Arbeitsvertrag, das ist doch was Wert in Deutschland, das wollen doch alle, oder?"*

Hierzu ist sie konkret auf die Hilfe der Eltern angewiesen angewiesen (sense of community / Zugehörigkeit) und fragt diese auch an. Auch ihr zweites Flüggekonzept wird ridikülisiert und nicht unterstützt, obwohl es sich im Wertesystem des Passlandes der Eltern bewegt. Ihr Beheimatungsprozess über familiäre Bindungen/Rückhalt kann als gescheitert angesehen werden.

Offensichtlich ist die Verachtung des eigenen Kindes und die mangelnde Wertschätzung durch den Persönlichkeitsentwurf in einer anderen Majoritätsgesellschaft tief verwurzelt; auch später erfolgt keinerlei Haltungsänderung, die Eltern handelten und handeln, ohne das Auswirken ihrer Handlungen auf Rebecca abzuwägen. Möglicherweise stehen hier eigene finanzielle Interessen im Vordergrund.

Wie bei vielen ‚hidden immigrants' (vgl. Pollock et. all) kommt es zu Schwierigkeiten in allen Lebensbereichen, weder Kernfamilie noch Umfeld bieten sozialen Rückhalt. *„Ich selbst wurde behandelt wie ein Gepäckstück. Man nimmt es mit und dann zurück und danach soll es ganz normal in der ihm fremden Gesellschaft funktionieren. Eigene Bedürfnisse hat das Gepäckstück nicht zu haben, eigene Gedanken sind zu verhöhnen, Hilfe hat es nicht zu benötigen und wenn es klemmt, ist das Gepäckstück eben defekt."*

Auch nach mehrjähriger Berufstätigkeit bleibt Missachtung und nicht Anerkennung das Maß der Dinge *„die anderen (Anm. Arbeitskollegen) würden schon irgendwie Recht haben, wenn sie mich ablehnten und bestimmt mache ich was falsch, suche einen Grund „nicht richtig zu arbeiten"*.

5.5. Manny

Manny oder Manjit ist die Hauptfigur des autobiographischen Romans „(un)arranged marriage". Manny wächst als Sohn punjabischer Eltern in Leicester auf, von Anfang an muss er sich in einem binationalen Umfeld bewegen. Seine Eltern erwarten von ihm, dass er ein ‚guter Punjabi' werden möge und ein Leben nach ihren Vorgaben führt. Sie bezeichnen sich als Sikh, in ihrer engen punjabischen Gemeinde sind Werte wie Ehre, Anerkennung, Anstand wichtig. Die Kinder haben den Vorgaben zu entsprechen, sonst leidet die Familienehre. *„[...] how it was my (Mannys) duty to uphold his honour, his izzat.[...] And I (father) won´t let you (Manny) ruin it all because you think you are something different from us.*"[113]

Manny lehnt sich gegen die Punjabi-Verhaltensregeln auf, ist ein guter Schüler und hat eigene Pläne. Mannys Anpassung an die Majoritätskultur, die ‚Andersartigkeit' soll mit aller Macht unterdrückt werden. Die Eltern kommen mit emotionaler Erpressung (Mutter) und Schlägen (Vater) nicht mehr an ihn heran, er wird zu Verwandten nach Pakistan verschleppt. Mit Hilfe eines Onkels, der sich von der Familie emanzipiert hat, gelingt ihm die Flucht zurück nach Großbritannien. Manny wird 14-jährig mit einer Unbekannten verlobt und soll nach seinem 17. Geburtstag - noch minderjährig - heiraten; dies verhindert er durch eine Flucht.

Obwohl Manny nicht aus seiner gewohnten Umgebung gerissen wird, wird bei ihm wie bei keinem anderen der Jugendlichen die Hilflosigkeit der Flüggephase deutlich: *„I wanted to make a run for it. [...] But where was I going to go? [...] Where was the money for food and all those things going to come from? I wasn´t just physically trapped by then, I was trapped because I was so young. [...] I couldn´t get benefits and didn´t have the qualifications to get a job.*"[114] Immer wieder drohen die Eltern ihm mit einer Verschleppung nach Indien. Zeitweise wohnt Manny bei den Eltern seiner ersten Freundin, diese helfen ihm vor und nach dem Bruch mit der Herkunftsfamilie. Mannys Biographiebruch besteht somit nicht aus einem Ortswechsel, sondern im Verlassen der Kernfamilie und der Parallelgesellschaft der Punjabi.

5.5.1. SENSE OF COMMUNITY

Manny fühlt sich in der punjabischen Gemeinde und in seinem Elternhaus nicht wohl. Er möchte am liebsten vollkommen mit der Majoritätskultur verschmelzen. Sein Lebenskonzept, welches er in der Pubertät zu formulieren versucht, findet kein Gehör. Er hat zwar eine feste soziale Einbindung über seine Freunde, ist aber derart verzweifelt über seine aussichtslose Lage, dass er sich nicht an Regeln hält und die Schule verlassen muss. Sein punjabisches soziales Umfeld lebt am Rande der Gesellschaft in einer sogenannten Parallelgesellschaft ohne Wertekonsens mit der Majoritätskultur, dies betrifft vor allem Aspekte wie Bildung, Selbstverwirklichung: der Einzelne ist nichts, die Familie alles, es herrscht ein kollektivistischen Kulturbild vor. Manny erlebt hier einen massiven Wertekonflikt mit seinem Wunsch, sein Leben nach eigenen Vorstellungen zu gestalten. Der kollektive Druck aus der Punjabi Gemeinde wird nochmals deutlich an den Glückwünschen diverser Anverwandter, die ihn loben, seine eigenen Vorstellungen aufgegeben zu haben. Sie begrüßen damit auch indirekt die Methode, ‚aufsässige' Jugendliche gegen ihren Willen zu verschleppen und im Punjab festzuhalten, bis diese sich fügen. *„And different auntie-jis and uncle-jis were coming over to tell me what a good boy I was and how they were so glad that I had straightened myself out while I was in India."*[115]

5.5.2. SENSE OF CONTROL

Im Alter zwischen 14 und 17, wo das spielerische Finden der eigenen Identität und Vorfreude auf die Zukunft stehen sollten, schmiedet Manny Fluchtpläne. Mitunter erlebt er depressive Phasen, in denen er sein Zimmer nicht verlässt. Eine Auflehnung gegen die Eltern erscheint im nahezu unmöglich, er kann seinen Werdegang nicht beeinflussen. *"My dad just laughed when I said no, mocking me like I was some four-year-old child having a sulk"*[116] Mannys Familie wird ebenfalls dazu angehalten, seine Ideen zu verhöhnen; die Onkel und auch die Brüder beteiligen sich daran *„and then h'd wink at my uncles and laugh out loud."*[117] Es wird an diversen Stellen des Romans immer wieder klar, dass von Manny ein Lebensentwurf nach dem Vorbild ‚übernommener Identität' (vgl. Marcia/Kroger) erwartet wird. Alles andere wird mit Missbilligung, nicht nur der Kernfamilie, sondern des Kollektivs, gestraft.

Letztendlich gewinnt er die Kontrolle über sein Leben, indem er am Tag der Hochzeit durch ein Badezimmerfenster flieht. Im Nachgang wird er von der Familie und auch den meisten Punjabi ‚verstoßen', er bezahlt die Selbstbestimmung über sein Leben mit dem Ende aller familiären Bindungen.

5.5.3. Sense of Coherence

Manny ist sich dem kulturellen Spannungsfeld schmerzlich bewusst, er findet aber keine Möglichkeiten eines Persönlichkeitsentwurfes für beide Kulturen; ja, er lehnt die Existenz in der Parallelgesellschaft ab und erkennt früh, dass diese von Bildungsferne, Engstirnigkeit und Vorurteilen geprägt ist und keinen Raum für Individualität zulässt. Auch in der englischen Majoritätskultur fällt es ihm schwer, weiter der leistungsstarke Schüler zu sein, der er eigentlich ist, er fühlt sich ausgehöhlt und schwach durch die Vorgaben der Eltern, ihn noch minderjährig zu verheiraten. *„It was a wonder I ever got the high grades that I did - not that anyone in my family cared."*[118] Was nützt ihm alle Erkenntnis und alle validierbaren Leistungen in der britischen Gesellschaft, wenn für ihn mit 17 alles vorbei ist. *„I don´t see the point of getting on well at school if it´s all just a way of killing time before my parents mess up my life."*[119] Oft fühlt er sich mutlos ohne Einfluss auf seine Lebensgestaltung, das Fremdheitsgefühl ist für ihn die Kernfamilie selbst. „*My whole family life - it just seemed so claustrophobic, so unnatural. I couldn´t imagine having to live like that.*"[120] "*She seemed happy to play the quiet little Punjabi wife [...] spouting the same rubbish about Punjabi values as my old man or my brothers.*"[121] „*None of this shit was my life.*"[122]

Für Manny selbst steht fest: „*I was born in England. [...]It was my home. [...] In England I knew how things worked. [...]. England was my country.*"[123], sein Kohärenzgefühl ist eng mit den Gegebenheiten in Großbritannien verbunden, er ist verwurzelt an dem Ort, an dem er aufgewachsen ist. Er versteht die Welt um ihn herum und würde seine Rolle darin gerne annehmen.

5.5.4. EMOTIONALE/FINANZIELLE UNTERSTÜTZUNG /BERUFSFINDUNG

Für Manny ist keine Berufswahl vorgesehen, er soll in einem Helferjob arbeiten. Erwartet wird eine (nach Kroger/Marcia) ‚übernommene Identität' nach den Vorbild der Eltern, dafür werden die Sozialisationskultur und er selbst als ‚unmöglich' dargestellt. „*[...] because they (two older brothers) were basically turning into newer versions of him and that was what he wanted all his sons to be.*"; auch die Schule ist „*a waste of time*" und „*I couldn´t even do my homework in peace because no-one in my family saw it as being important.*" [124]

Manny will studieren, weiß aber, dass es nichts Nutzen wird, seinen Vater darauf anzusprechen „*He wouldn´t listen, Eky (Anm. Freund). He´d just give me all that crap about being a good Punjabi [...] not a bloody goreh (Weißer)*"[125] Die Diffamierung der Majoritätskultur ist an der Tagesordnung: „*[...] as he began one of his tried and tested lectures about saving Punjabi culture from the grip of white man and his filth, about being careful not to become too white for your own family."*[126]

Mannys ältere Brüder haben sich bereits in ihre übernommen Identität gefügt und sich den Erwartungen ohne eigenen Identitätsentwurf unterworfen, sie nehmen aktiv teil an den verbalen und tätlichen Erniedrigungen an ihrem jüngsten Bruder Manny.

5.6. Ilpo

Ilpo ist eines der TCK, die in Pollocks Standardwerk Third Culture Kids zu Wort kommen. Über Ilpo ist nur ein Fragment seines Werdegangs bekannt, dass seine Flüggephase betrifft.

Ilpo wächst in einem mehrheitlich US-Amerikanisch geprägten Predigerseminar in Taiwan auf. Das Passland seiner Eltern ist Finnland. Der Lehrer ist US-Amerikaner und späterhin besucht er ein amerikanisches Internat. Seine Mitschüler sind zum größten Teil ebenfalls aus den Staaten.

5.6.1. Sense of Community

Inwieweit sich Ilpo mit Taiwan verbunden fühlt, wird im Textfragment nicht bekannt. Er scheint wenig Kontakt mit der Majoritätskultur zu haben und ist in dieser Diplomarbeit das einzige ‚Enklavenkind'.

Er orientiert sich an den Jugendlichen und Erwachsenen, die ihn mehrheitlich umgeben und seine einzige Schriftsprache ist Englisch, er passt sich der für ihn vorherrschenden Majoritätskultur im Priesterseminar an. Er sticht hervor als einziger Jugendlicher, dessen Eltern mit ihm gemeinsam einen zukunftsfähigen Plan zur Bewältigung der Flüggephase (mit Berufswahl Arzt) ausarbeiten, indem sie ihn in den Staaten studieren lassen.

Auf die Frage, wo er leben wolle, beschreibt Ilpo, dass er nicht genügend der medizinischen Fachausdrücke auf Finnisch könne, er gehe davon aus, dass seine Arztkollegen auf ihn herabblicken würden, auch weil er im Ausland ausgebildet worden sei.[127]

5.6.2. Sense of Coherence

Ilpo wird in der Ferne konfrontiert mit den Gegebenheiten des finnischen Schulsystems, er geht davon aus, die Mittelstufenprüfung, die alle finnischen Schüler durchlaufen und nach der sich entscheidet, auf welche Schulform der Schüler gehen kann, nicht so zu bestehen, dass er Medizin studieren kann. Seine Kenntnisse der erwarteten Inhalte sind lückenhaft, da er ein anderes Schulsystem besucht hatte, Finnisch schreibt er nicht fehlerfrei. Damit etwas ‚kohärent' für ihn bleibt und er erfolgreich diesen Teil seiner Schulausbildung abschließen kann, wird er in den Staaten seine formale Laufbahn - Schule und Studium - beenden. *„Ilpo wollte Arzt werden, aber wenn er sich mit finnischen Schülern messen müsste, die auf finnische Schulen gegangen waren, waren seine Chancen für die Universität mehr als gering. Letzten Endes sah er seine einzige Möglichkeit darin, in den Staaten zu studieren, innerhalb des Bildungssystems, das er kannte."*[128]

5.6.3. Sense of Control

Ilpo geriet in seine erste kulturell bedingte Identitätskrise, als er mit den schulischen Vorgaben aus Finnland konfrontiert wurde und ihm bewusst wird, dass er sich nicht mit finnischen Gleichaltrigen messen kann.

Ilpo darf seinen Identitätsentwurf, sein Flüggekonzept verwirklichen, leidet aber dennoch unter der Wurzellosigkeit der TCKs und unter der Entscheidung seiner Eltern, im Ausland zu arbeiten. Auf die Frage, wie er sich fühle nach der Erkenntnis, wohl als Arzt in Finnland nie arbeiten und leben zu können, antwortet Ilpo: *„Bisher war mir gar nicht klar, wie nahezu unmöglich es sein würde, jemals nach Finnland zurückzukehren. Es ist eine Entscheidung, die mir aus den Händen genommen ist. Ich habe das Gefühl, als wäre mir meine Welt durch die Finger geronnen.“*[129]

5.6.4. Emotionale/finanzielle Unterstützung/ Berufsfindung

Obwohl Ilpo seine Situation im weiteren Leben - privat und beruflich - kritisch sieht (keine Anerkennung der Kollegen, keine Rückkehr möglich), ist er in dieser Studie der Einzige, der nicht gegen seinen Willen vom Studium seiner Wahl abgehalten wurde, es ist von elterlicher Unterstützung - zumindest in finanzieller Hinsicht - auszugehen, ansonsten wäre das Studium in den Staaten wohl kaum zu realisieren gewesen. Zur emotionalen Unterstützung seitens der Kernfamilie wird im Interview nichts bekannt, aber da es eine gemeinschaftliche Entscheidung der Familie ist, darf man wohl davon ausgehen.

5.7. Tony - Proband Mitzscherlichs

Mitzscherlich stellt als einen der Interviewpartner in ihrem Kapitel ‚Beheimatungsprozesse junger Erwachsener - Zehn Einzelfallstudien‘ den Teilnehmer Tony vor. Für alle jungen Erwachsenen hat ein Biographiebruch oder ein Aufbruch in eine neue Gesellschaftsform stattgefunden, die Studie begleitet ihren individuellen Beheimatungsprozess. Tony ist in Mitzscherlichs Studie der Einzige, der diesen Schritt nicht bewusst gegangen ist und der mitten aus der Flüggephase gerissen wird. Damit ist er mit derselben Situation konfrontiert wie die TCKs.

Tonys Familie kommt ursprünglich aus Ostdeutschland. Fünf Tage nach dem Mauerfall wandern die Eltern mit ihren Kindern ‚spontan' in den Westen aus. Zu diesem Zeitpunkt war Tony *„16 Jahre alt, machte seit 1,5 Jahren eine Maurerlehre, hatte eine Freundin und einen großen, sehr engen Freundeskreis."*[130] Mehrmals fährt er zurück in sein altes Umfeld, fühlt sich hin- und hergerissen *„Hier hat es irgendwie mit allem nicht geklappt*"[131] Das Besondere an Tony ist, dass er ein ‚Paradebeispiel' für die Flüggephasenproblematik ist, die in diesem Buch thematisiert wird. Er hat eine ältere Schwester, die sei sofort in den Beruf reingegangen und einen jüngeren Bruder, der habe sich gut in die Klasse eingefügt. Beide Geschwister befinden sich entweder noch nicht oder nicht mehr in der Flüggephase, ihr Werdegang zeigt jedoch auf, dass es sich nicht generell um eine sozial schwache Familie handelt, in der das Aufwachsen durch emotionale Vernachlässigung oder andere soziale Härten schwierig gewesen wäre.

Wäre Tony nicht aus seiner letzten Phase der Identitätsfindung gerissen worden, wäre dieses epigenetische Kapitel auch für ihn problemlos zu beenden gewesen. Da es überhaupt kein Bewusstsein seitens seines sozialen Umfeldes für diese Phase gibt, ist er weiterhin *„der Problemträger in der Familie und hat die Schuldzuschreibung der Eltern weitestgehend übernommen."*[132]

5.7.1. Sense of Community

Tony hatte in seinem alten Umfeld einen engen Freundeskreis und als weitere Bezugsperson seine Großmutter, vom alten Umfeld erzählt er fast ausschließlich positiv: *„Es gab* *mehr Freundschaften*" *„Ich hatte einen Haufen Freunde*" und auch die Familie war für ihn Teil einer großen Gemeinschaft, die Eltern seien zum Tanz, Musizieren gegangen *„und das war jedes Mal gerammelt voll*".[133]Seine Entwurzelung beschreibt er als „Anhängselgefühl",[134] welches ihn immer noch begleitet.

5.7.2. Sense of coherence

Tony sieht sich in seinem neuem Wohnumfeld einem System gegenüber, das er nicht kennt, einer Leistungsgesellschaft, in dem es keine Sicherheit oder für ihn empfunden Beständigkeit gibt. So kann man z. B. auch seine Lehrstelle verlieren. Daheim war er *„einer wie jedermann*",[135] diese Sicherheit ist für ihn verloren gegangen, der Biographiebruch in der Flüggezeit zeigt ihre typischen, identitätszersetzenden Folgen *„Tony hat vor allem auch Schwierigkeiten, zu wissen, wer er jetzt ist und was er will*".[136]

Dies ist insoweit nachvollziehbar, als das alle identitätsstiftenden sozialen Zusammenhänge nicht mehr gegeben sind. Zugleich hat er keine Möglichkeit, sich rasch neu zu orientieren/beheimaten aufgrund fehlender Kenntnisse des ungeschriebenen Wertekodex/Tiefenkultur und der gesellschaftlichen Gegebenheiten der ihn umgebenden, neuen Majoritätskultur *„Die Übersiedlung gerät für ihn zur Identitätskrise, weil sie ihn biographisch an einem Punkt trifft, wo er gerade begonnen hatte, eine eigene berufliche, partnerschaftliche und soziale Position aufzubauen."*[137]

5.7.3. Sense of control

Das *„wehe dir, deine Eltern haben etwas anderes mit dir vor*"[138] bringt seine Umzugserfahrung auf den Punkt. Er sieht sich einem neuen Umfeld gegenüber, in dem er nicht er selbst sein kann und auch nicht sein will, was ihm angeboten wird. Der Kontrollverlust führt zu einem Mangel an Handlungsfähigkeit, Eigenständigkeit und Vision für sich selbst als Erwachsenen, er hat „*überhaupt keine eigenen Pläne.*“[139] Jegliche Selbstwirksamkeit ist ihm genommen.

5.7.4 Emotionale/finanzielle Unterstützung/ Berufsfindung

Tony bewertet seine innere Zerrissenheit „*ausschließlich als sein eigenes Versagen*“,[140] die Eltern versuchen nach der gescheiterten Lehre den Dialog und Tony sucht auch die Unterstützung der Eltern. Im Hintergrund schwelt aber der Konflikt der ungelösten Flüggephase, „*Tony ist ganz offensichtlich in die Entscheidung über die Übersiedlung nicht einbezogen gewesen, er ist über ihn verfügt worden und es wird immer noch über ihn verfügt*“,[141] der Identitätsentwurf zu einer gelungen Erwachsenidentität kann aber nur über eine innere und äußere Eigenleistung erfolgen.

Tony findet ansatzweise Orientierung in einem Jugendarbeitslosenprojekt und schließt sich dort eng an die Sozialpädagogen im Projekt an „*[...] der redet dann mit dir. Eigentlich über jedes Problem, das ist gut [...] der baut mich auch richtig auf*“.[142] Auch hier weist Tony Parallelen zu den anderen Interviewten in diesem Buch auf, die alle nach dem Wegfall der Eltern als sozialem Rückhalt versuchen, sich an anderen Peergroup Eltern, Lehrern o. ä. zu orientieren (Katia, Marie, Rebecca, Manny).

Mitzscherlich verweist darauf, „*daß Beheimatung Zeit, Geduld, Orientierung und soziale Unterstützung braucht; das alles hat ihm im Umfeld der Übersiedlung gefehlt.*“[143] „*genau das haben die Eltern wohl verpasst.*“[144] Auch die (alleinige) Schuld wird im Familiensystem weiterhin an Tony delegiert: „*Aber die (Eltern) sagen halt, daß ich irgendwas mißverstanden hätte [...].*“[145]

6. ERGEBNIS

Wenn die Flüggephase nicht erfolgreich abgeschlossen werden kann, fehlten also essenzielle Faktoren. Das Gemeinschaftsgefühl (sense of community) kann nicht aufrecht erhalten werden, die Betreffenden gehören nirgendwo dazu, sind sichtbar oder unsichtbar anders (hidden immigrants, vgl. Pollock et all.) und erhalten keine positive Rückmeldung für ihren eigenen Identitätsentwurf - für Eriksson die essenzielle ‚Zutat': Das ‚Erkannt werden' von anderen als man selbst auf dem Weg in die nächste Phase des Lebens.

Das Gefühl, dass man sich auf bestimmte Dinge verlassen kann, die für den Betreffenden selbst so wahr sind wie der Sonnenaufgang im Osten, ist aufgrund fehlende Kenntnisse über das neue Lebensumfeld, nicht genügend Informationen zu konkreten Situationen, keine innere Vorbereitung oder zu junges Alter ein Faktor, der das Innerste der Person erschüttert. Das Fundament, auf dem man agieren will, ist nicht mehr berechenbar und man selbst darauf/darin ohne (inneren) Halt. Nichts passt mehr, nichts passt mehr zusammen, ist in sich schlüssig, das Kohärenzgefühl ist fort (sense of coherence).

Dem folgt fast zwangsläufig der Umstand, nichts mehr beeinflussen oder planen zu können (sense of control), es bleibt nur die Reaktion auf die vorgefunden Umstände, der Versuch einer Anpassung, ein Entwurf, der nicht von innen gewachsen ist und positiv besetzt werden kann, sondern von äußeren Umständen - die der Betreffende nicht beeinflussen konnte - aufoktroyiert wurde. An dieser Stelle fällt die Unfähigkeit selbst zu gestalten oft mit fehlenden finanziellen Ressourcen zusammen. Welcher Jugendliche zwischen 16 und 26 hat das Geld, sich selbst durch ein Studium zu finanzieren?

Einer der wichtigsten Aspekte oder Faktor ist offensichtlich der Zwang, das fehlende Mitspracherecht. *„Einen wichtigen Einfluß haben dabei empirisch drei Aspekte, die mit Ergebnissen der Migrationsforschung korrespondieren:*

- Zum einen hängt das Ausmaß der „Akkulturationskrise" davon ab, wie plötzlich, überlegt und informiert dieser Wechsel erfolgt [...]

- Zum anderen davon, ob dieser Wechsel freiwillig ist, bzw. teilweise auf der eigenen Entscheidung und dem Abwägen von Alternativen beruht oder zwangsweise bzw. ohne Möglichkeit zur Mitentscheidung erfolgt."[146]

Eingebunden in der von ihr entwickelten These des Beheimatungsprozess heißt es weiter: *„Zusammenfassend lässt sich also sagen, dass die psychologische Problematik von Beheimatung zunimmt [...] je geringer der eigene Entscheidungsspielraum dabei ist bzw. je mehr Zwang damit einhergeht."*[147]

Dass es sich hierbei um - zumindest in der hier im Fokus stehenden Phase des ersten Persönlichkeitsentwurfes handelt - um durchaus identitätsgefährdende Aspekte handelt, wird im Folgenden klar: *„Unabhängig von der konkreten Ursache haben alle Beheimatungsprobleme mit einem Defizit an sozialer Integration und mit einer daraus resultierenden emotionalen Verunsicherung zu tun; sie führen damit zu Fragen über die eigene Identität [...]."*[148]

An mehreren Stellen zeigt Mitzscherlich auf, dass es sich bei Störungen im Beheimatungsprozess um fehlende soziale Kompetenzen und persönliche Ressourcen handele, so z. B. im Fall Tony *„[...] aus den gewohnten Bezügen des Heimatdorfes gerissen, reichen seine (Tonys) kommunikati-*

ven und reflexiven Fähigkeiten nicht aus, um neue aufzubauen.“[149]Auch Pollock et all sprechen von inneren Ressourcen, die das TCK aktivieren kann und soll, von Sozialkompetenz und Anpassungsfähigkeit.

Beiden möchte ich an dieser Stelle widersprechen.

Die Anerkennung und Unterstützung gehören notwendigerweise zum Abschluss der Phase V, und zwar auf der ‚Input-Seite‘. Sie sind nicht verhandelbar zur Bildung einer gesunden Identität und auch nicht aus dem Betroffenen selbst heraus konstruierbar, der Verweis Pollocks und Mitzscherlichs auf eigene soziale Kompetenzen mag vor oder nach der Flüggephase zutreffen, aber nicht darin. Kein Entwurzelter kann sich selbst ohne Zugriff auf die „senses“ helfen, egal wie sozial kompetent er ist.

Es ist davon auszugehen, dass Kate mit den anderen Jugendlichen aus ihrer Bezugsgruppe ein College besucht hätte, damit stünde sie heute beruflich und sozial gefestigter da. Im gegebenen Zeitraum hatte sie weder die finanziellen Ressourcen noch familiären Rückhalt für ihre Entscheidung. Sie war erst dann in der Lage, eigene Gestaltungsmöglichkeiten wahrzunehmen, als sie sich emotional löst und in ihre Sozialisationskultur zurückkehrt.

Beatriz hätte beim Verbleib in einem sozialen Kontext und in einer Schulform sich bessere Zukunftsperspektiven schaffen können.

Rebecca hätte bei finanzieller Unterstützung den Beruf ihrer Wahl studieren können. Auch wenn das Studium sicher ideologisch besetzt war und kein sicheres Einkommen garantiert hätte, wäre es zu einem identitätsstiftenden Berufsbild gekommen. Auch die wenig durchdachte Rückkehr ins Passland der Eltern ohne Möglichkeit der Rückkehr sind nicht Resultat einer unzulänglichen Persönlichkeitsentwicklung, sondern mangelnder Information. Hinzu kommen Eltern die ihr ‚Flüggekind' nicht ausreichend gefüttert (finanziert) und unterstützt (Anerkennung des Persönlichkeitsentwurfes) haben.

Marie hätte ohne die Auflösung des Elternhaushaltes in Deutschland als ‚normalen Verlauf' mit den anderen aus ihrer Peergroup Schule und Studium beendet. Die sie belastenden und schwächenden peripheren Entscheidungen, der fruchtlose Aufenthalt in Polen und das ‚sich mutterseelenallein-fühlen' sind nichts, dem sie mit bereits entwickelten ‚inneren Ressourcen' hätte begegnen können.

Manny hat mithilfe anderen Erwachsener in seiner Majoritätskultur sein Studium beendet, ihn flankierte ein soziales Umfeld, welches ihm Anerkennung für seinen Identitätsentwurf spiegelte. Einer seiner ‚senses', sein Kohärenzgefühl, bleibt intakt, da er sich dauerhaft an die Majoritätskultur innerlich anschließt und die dortigen gesellschaftlichen Regeln leben will und verstanden hat. Auch für ihn ist dies ohne externe Hilfe nicht möglich, andere Eltern übernehmen die ‚Fütterung' durch die Flüggephase durch Wohnraum, Anerkennung, Essen etc.

Ilpo bildet die Ausnahme, seine Eltern sind einsichtig, ihn im schulischen Bereich zu seiner bestmöglichen Entwicklung in dem ihm bekannten Kontext zu lassen und entsprechend zu unterstützen.

Tony hätte ohne das ‚spontane' Auswandern seiner Eltern mit großer Wahrscheinlichkeit seine Maurerlehre beendet. Im Allgemeinen erkennt man in seinem Äußerungen wenig Wunsch nach ‚Auflehnung' oder ‚Eigengestaltung', er schien sehr zufrieden mit den Optionen in der DDR und sehnt sich nach diesem Zustand des ‚nichts entscheiden müssen' und ‚eingebunden sein' zurück - deshalb käme für ihn möglicherweise auch eine übernommene Identität nach Kroger/Marcia im Sinne des Bildungsziels der ‚sozialistischen Persönlichkeit‘ in Frage (vgl. Matrix). Ganz allgemein aber hatte er nie eine Wahl, als ‚Flüggekind‘ wurde er nicht emotional unterstützt, da er nicht ‚funktioniert‘ hat - auch hier gibt es kein persönliches Versagen, die Ressourcen hätten in der labilen Flüggephase von außen zur Verfügung gestellt werden müssen. Ein gelungener Identitätsentwurf wurde de facto wegen der Zwangsumsiedlung durch die Eltern unterb.

Überraschenderweise findet sich eine Konstante in nahezu allen Berichten: die Betroffenen suchen Orientierung und emotionale Unterstützung bei anderen Erwachsenen, nachdem ihre Kernfamilie in diesem Bereich versagt hat: Kate versucht eine Orientierung an den Erwachsenen in der mexikanischen Kleinstadt und findet sie nicht („*I was on my own, nobody did understand me [...]*“. Marie geht mit Eltern einer Freundin zum Amt und erkennt ihre mangelnde Unterstützung im Studium als Defizit. Beatriz erhält generell keine Orientierung. Rebecca bekommt Schulgeld von den Eltern ihres ersten Freundes. Manny orientiert sich stark an seinem Onkel, wohnt auch nach dem Bruch mit der leiblichen Familie bei Peergroup Eltern und Tony findet ehrlichen Halt und Zuspruch nur bei Sozialpädagogen. Die einzige (positive) Ausnahme bildet Ilpo.

Eher erschütternd war eine zweite sich wiederholende Tatsache. Der über längeren Zeitraum verbale Missbrauch der Eltern (Kate, Marie, Rebecca, Manny) als Waffe gegen den ersten Identitätsentwurf.

7. COMMITMENT - HEUTE

Commitment - die Begrifflichkeit aus der Identitätsstudie Marcia und Kroger soll hier nochmal aufgegriffen werden. Wann ist ein Leben, eine Identität gelungen? Welche Kriterien könnte man heranziehen? Commitment soll hier bezogen werden auf die eingenommen sozialen Rollen (vgl. Mead), die wir im Leben einnehmen und die uns zu einem Teil der Gesellschaft machen. Commitment ist ein Begriff/ein Konzept, welches in zwei Richtungen weist, wie sehr gehen wir in unseren Rollen auf und wie sehr werden wir in dieser Rolle von der uns umgebenden Majoritätskultur als funktional wahrgenommen.

In Eriksons ‚Identität und Lebenszyklus' greift er eine Definition von Marie Jahoda (1950) auf, zur Deskription einer „gesunden Persönlichkeit", die *„ihre Umwelt aktiv meistert, eine gewissen Einheitlichkeit zeigt und imstande ist, die Welt und sich selbst richtig zu erkennen*"[150] Auch dies eine valide Definition oder Annäherung an den Begriff ‚commitment'.

Für den Versuch einer weiteren Beobachtung der Entwicklung möchte ich Kriterien für die Probanden entwickeln, vielleicht sogar die Bestimmung eines Identitätsstatus wagen. Für die Auswahl der Kriterien ist hier auch der Begriff *„behavior settings*" sehr hilfreich *„also die Analyse von Räumen, die in erster Linie einen sozialen Verhaltenszusammenhang in relativ kleinen, gut abgrenzbaren Funktionseinheiten des Alltags-geschehens abbilden.*"[151] Die Kriterien sollen somit die sozialen Rollen, die sozialen Verhaltenszusammenhänge und das commitment der Probanden in der weiteren Biographie noch einmal darstellen, wobei diese Darstellung begreiflicherweise nie de facto ‚messbar' ist. Ein weiterer Bezugspunkt soll die Frage sein, ob man seinen Kindern eine ähnliche Erfahrung zumuten würde, weil hierin eine indirekte Bewertung des selbst Erlebten sichtbar wird. Womit man seine Kinder konfrontieren würde oder auch nicht, das findet der Betreffende bis heute entweder gelungen oder weniger klug.

Natürlich ist ein gelungenes Leben nicht messbar am beruflichen Erfolg, aber sich in seinem Umfeld ernähren und ‚behaupten' zu können funktioniert heute eben nicht mehr über das Schwingen einer Keule, sondern über das Ausüben eines Berufs und die Kontinuität dieses Berufslebens impliziert, dass man im Kohärenzsystem der Werte angekommen ist. Das Individuum hat die Kontrolle über wichtige Aspekte im Leben selbst und auch für sich selbst. Das berufliche Gelingen ist eng verwoben mit dem Aspekt ‚sichere finanzielle Verhältnisse' und Selbstentfaltung.

Gleichwertig daneben können andere Lebensentwürfe stehen, in denen der Beruf keinen so hohen Stellenwert einnimmt. So kann in patriarchalen Gesellschaften ein im Wertsystem eingebundener Lebensentwurf, vor allem in kollektivistischen Gesellschaften, für Frauen ‚Ehefrau und Mutter' und für Männer ‚Nachfolger des Vaters, Familienoberhaupt' heißen. Ob es sich hierbei um eine übernommen Identität handelt und ob dies zu werten ist, sei dahingestellt. Wichtig ist für den Betroffenen, dass er in seinem Kohärenzsystem der Werte agiert und für sich selbst keinen Verlust an Individualität/Handlungsfähigkeit empfindet. Eine Wertung außen Stehender ist hier nicht hilfreich und wäre typisch monokulturell.

Ein weiteres Kriterium ist sicher, ob man sich selbst einen ‚sense of community' geschaffen hat, ein Umfeld in dem man sich ‚beheimatet' hat; in dem es ein wohlmeinendes, soziales Umfeld: Freunde, Bekannte, Kollegen gibt und ob diese im Ernstfall auch zu der betreffenden Person stehen.

Ein gesunder Mensch strebt sicher auch nach Zweisamkeit, nach einer beständigen Partnerschaft. Inwieweit und welchen Probanden sind dauerhaft nahe Bindungen gelungen?

Lässt sich aus den Essays herauslesen, ob die Interviewten sich entwurzelt fühlen, ihre innere Mitte, eine Heimat für sich gefunden haben? Bei wem oder durch was /nicht?

7.1. Kate

Kate ist aufgrund ihrer Selbstreflektion und Beschäftigung mit der eignen Vergangenheit ein seltener Sonderfall, die Erfahrungen haben sie so geprägt, dass sie es zu ihrem Beruf gemacht hat, Menschen in der Transmissionsphase ‚Jugend' zu begleiten und in den Familien (oft bikulturelle) als Coach zu vermitteln. Sie verfügt über einen großen Freundeskreis, hat auch als junge Mutter gearbeitet und verfügt über stabile Beziehungen, wird jetzt nach acht Jahren ihren Lebensgefährten heiraten. Den Kontakt zur Mutter hat sie nicht abgebrochen, über den Vater redet sie selten. Kates Lebensführung entspricht gemäß den Einordnungsversuch von Marcia einer erarbeiteten Identität, ihre Flexibilität und inneres Gleichgewicht lassen die soziale Arbeit als Familiencoach erst zu: „*working as a coach for families in difficult situations, I am trying to reconnect them among each other, make them see each other's point and find compromises that are the least hurtful for all participants. I sometimes wonder if that is my job because that is what I missed most.*"

Ihre sozialen Interaktionspartner sehen ihre Rolle im beruflichen und sozialen Bereich als stabil, ihre Kinder werden zweisprachig und ‚open minded' erzogen, aber bewusst nicht zwischen zwei Kulturen. Beide besuchen die Highschool. Sie selbst sieht sich als Produkt beider Kulturen und zeigt so typische Charaktereigenschaften von TCKs, wie sie Pollock et all beschreiben. „[...] *and now that I am older some Mexican-Mother-Habits come up; I have to say: I am not an American person, I see that many US citizens have no knowledge of the world outside*" , hier beklagt sie die Unfähigkeit der sie umgebenden Monokulturellen, die Perspektive zu wechseln, lieber umgibt sie sich mit Bikulturellen, „*my friends who are also immigrants they seem to understand more and see different aspects of things*", erkennt diese und kann sich rasch mit ihnen anfreunden; auch dies laut Pollock et all. Charakteristisch für ATCK (adult third culture kids / erwachsene Drittkulturenpersonen). Das Fehlen von Zugehörigkeit ist ein Thema, dass sie klar bennent „*So I am am a Mexican person living in Arizona, but inside me I am not an American either, but even more a stranger if I´d go 'home' actually I don´t know if theres a place I could call home" [...] "I don't feel complete anywhere*". Das Gefühl, der sogenannten Wurzellosigkeit (wie viele ATCKs) ist auch in der Gegenwart, über 20 Jahre später, präsent: „*I envy people who dont have to question that all the time, they seem to fit, never question, and have a certain inner peace I feel I won´t live to have".*

Kate benennt extrem klar die Umstände der Vergangenheit und distanziert sich von diesen „*I swore I would never do that to my own kids and up to today I have always tried to understand what they are trying to tell me, what they are feeling and what inner process they are going through*." Sie sieht sich als Mutter mit kooperativen und kommunikativem Erziehungsstil, offen für Neues und mit Werten, die sich schon in der Flüggephase ausprägen: „*I felt I never did get any positive feedback for things I still believe to be correct like speaking openly, having friends of both sexes, and discussing openly what I thought should be different."* Ihr ist vollkommen präsent, dass ihre Schulbildung anders hätte laufen sollen *„Both my parents should have cooperated on my school education“* [...] und fühlt auch die für die Flüggephase bezeichnende Abhängigkeit *„I was given no choice“*. Sie ordnet die Zeit in Mexiko auch in der Retroperspektive als negative Erfahrung ein. Beachtenswert die Verbalisierung der Idee, nicht nicht nach Mexiko gegangen zu sein, sondern dieses nie verlassen zu haben *„I actually think that if I had never left Mexico in the beginning, it wouldn´t have caused so much trouble between because the inner feeling would have been always more of being a true 'Mexican'."*

Kate selbst betont immer wieder den Mangel an Unterstützung, den sie auch aus heutiger Perspektive nicht nachvollziehen kann. *„I fail to understand why she acted well now I´d say cruel, why she actually didn't listen to me at all."*

Zu ihren Kindern macht sie sich besonders Gedanken, ist sehr reflektiert und äußert sich klar dahingehend, dass sie etwas Ähnliches wie sie selbst nicht durchleben sollen: *"my kids are doing well at junior and high school and are full of dreams and ideas, I could never try to kill their ideas just for some reason of "reputation" or "it has to be that way", I now feel like that was like breaking a horse the rude way, trying to kill something inside so it won't be wild and not speak up."*

Wie fast alle ATCKs kämpft auch Kate mit den Fragen nach Zugehörigkeit und Zuhause, sie ist in ihren Gedanken von allen Interviewten die Person mit der besten inneren Erkenntnis und Formulierfähigkeit.

Kate ist m. E. eine „erarbeitete Identität“, sie erkennt ihre Lage genau, weiß wo sie steht und wo sie leben und arbeiten will. Die Vergangenheit hat sie beschäftigt und wurde so auch zu ihrer Berufung, die Fehler ihrer Eltern und der dadurch verzögerte Start ins Berufsleben haben sie langfristig nicht in ihrer Entwicklung stoppen können. Hilfreich war und ist der Rückhalt vieler ebenfalls bikultureller Freunde und die gelungene Rückkehr in die Sozialisationskultur.

7.2. Beatriz

Beatriz hat trotz guter Allgemeinbildung keine formalen Qualifikationen erlangt, auch ist sie im Berufsleben stets so stark als ‚misfit' erkannt worden, dass keine Anstellung von Dauer war. Finanziell hat sie sich nie vom Elternhaus lösen können.

Beatriz ist nicht eingebunden in einer Gemeinde, einem Freundeskreis oder in einer Nachbarschaft. Einzige beständige Bezugsperson ist die Mutter. Ob Beatriz beim Verbleib in einem Kulturkreis genügend soziale Orientierung in Peergroups oder dem weiteren Umfeld der Majoritätskultur gefunden hätte, um die Flüggephase mit einer Berufswahl zu beenden, kann nicht genau benannt werden; ihre Chancen wären jedoch größer gewesen.

Ein soziales Miteinander, in dem man sich ggf. anpassen, nachgeben oder Kompromisse eingehen muss (Gruppensituation divers: Arbeit, Privat, Engagement) fehlt als soziale Kompetenz, ist durch die ebenfalls dauerhaft entwurzelten Eltern auch nie vorgelebt worden. Für Arbeitsverhältnisse zählt ähnliches wie für menschliche Bindungen, es fehlt am Verständnis ihrer eigenen Rolle (role taking) im sozialen Kontext.

Nach dem Essay erfolgte eine Art Nachtrag, in der in aller Deutlichkeit die tatsächliche Verletzlichkeit und dauerhafte seelische Belastung offenbar werden. Hier schreibt sie: *"I COULD NEVER FIT IN MY ODD JOBS SO I HAD TO CREATE A PRODUCT NOT TO HAVE TO WORK WITH*

OTHER PEOPLE BECAUSE I AM TOTALLY CONSCIOUS I DO NOT ACT OR THINK LIKE ANYBODY I KNOW."

Eine langjährige Partnerschaft konnte nie aufgebaut werden. "*My eldest son´s father, I was married to for less than a year. And my daughter´s father I never lived with him, years later when we met again, I realized I was talking to a complete stranger."* (Z. 226)

„*So I have never been able to stay in a relationship for more than a couple of months at a time*". Mit dieser Partnerwahl entspricht sie auch typischen Charakterzügen von TCKs, die auf der einen Seite reifer und gewandter wirken als ihre Altersgenossen, hier fiel die Wahl auf ältere Partner. Beatriz selbst nennt in ihrer Eigennarration ihre höhere Intelligenz als Trennungsfaktor, wahrscheinlicher scheint indes die Beobachtung aus Pollock et all „*Die anfängliche Attraktivität eines jungen TCKs für ältere, reifere Personen kann zur Wahl eines älteren Ehepartners führen. [...] der tiefer liegende Entwicklungsrückstand (kann) die Beziehung später gefährden*".[152] Es fehle die Bereitschaft für eine tiefere Bindung, da die Fragen der persönlichen Identität, der Entscheidungsfähigkeit und der Fähigkeit zur Ausbildung starker Beziehungen noch nicht gelöst sind.[153]

Die eigenen Kinder haben sich früh gegen die Mutter aufgelehnt, der Sohn hat das Haus schon mit 13 verlassen, die Tochter ist jahrelang nicht zur Schule gegangen. Der Kontakt zu den eigenen Kindern gestaltet sich als schwierig, die Familie zog alle 1-2 Jahre um. Ein bekanntes Phänomen bei TCKs, „*viele TCKs entwickeln einen Migrationsinstinkt, der ihr Leben bestimmt. Zu ihrer chronischen Wurzellosigkeit gesellt sich ein Gefühl der Rastlosigkeit [...] zu einem (erträumten) Niederlassen kommt es irgendwie nie [...]. Die Gegenwart ist nie genug - irgendetwas scheint immer zu fehlen.*"[154]

Auch hier weicht Beatriz' Selbstwahrnehmung / Eigennarration eklatant von den Tatsachen ab. Sie beginnt den Abschnitt über ihre Kinder mit den Worten ‚ich habe großartige Dinge in meinem Leben vollbracht' um dann zu berichten, dass ihr Sohn bis heute im Streit mit ihr lebt und ihre Tochter als Schulabbrecherin mit Depressionen sich mehr schlecht als recht als ungelernte Kraft durchs Lebens schlägt. *"In my life I have done a lot of great things, I had two children, in my son´s case; he left to live with his father´s adoptive family because he wanted more stability in his life. As a young adult I can see the damage that I have caused on him with my moving from town to town. My daughter she sort of repeated my life, quit school made bad decisions with older men, and is working herself into an early grave, suffers depressions and I must be thankful for this is not thinking of having children she says to break the chain of the family karma."*

Beständige Freundschaften oder das eingebunden sein in einer Clique, Kollegium, Nachbarschaft etc. gelingen Beatriz nie. Schreibt sie im ersten, überlegten Teil noch von relativ stabilen 'Freundschaften'*" I am definitely not a person that is adapted to society, my friends come from all different social status, and different ages, all misfits like me, and we say we are friends because we are different from everyone else, most have been uprooted in childhood and all are just trying to survive in this social world." lautet es im* zweiten, emotionaleren Teil: "*ACCEPTED ONLY BY A FEW PEOPLE AND DEFENDING MYSELF CONSTANTLY FROM PEOPLE WHO TRY TO ABUSE BECAUSE THEY SEE A HELPLESS WOMAN SO I HAD TO BECOME PASSIVE AGGRESSIVE WITH PEOPLE SO AS NOT TO LET THEM NEAR ME.*"

In der Eigennarration stellt Beatriz sich zuerst als Held oder Wortführer dar, der auf soziale Missstände hinweist. Objektiv betrachtet handelt es sich lediglich um Konflikte, die in der Regel von ihr ausgingen (Leserbriefe, FB, öffentliche Beschwerden) und durch einen Umzug ‚beendet' wurden. *"But on the bright side of things, I have become a critic to society and an activist. I will not put up with cruelty or bad governments. So Misfits are needed to make people think. Make people realize that the world is not perfect and things have to be done to change it for the better."* Diese Selbstwahrnehmung scheitert an der tatsächlichen Rückmeldung aus der Majoritätskultur, die sie als ‚helpless women' spiegelt. Später erlebe ich über soziale Medien ihre Radikalisierung im Umfeld der Verschwörungstheoretiker: hier kann sie sich als vermeintlich eingeweihter sozialer Rebell als Teil einer Gruppe fühlen, in der sie sich über die ‚Schlafschafe' erheben und der Familienprägung entsprechend als überlegene Person empfinden kann.

Die Frage, ob man seine Kindern in eine ähnliche Situation bringen würde, stellt sich nicht mehr, da durch die multiplen Umzüge die Entwurzelung bereits vollzogen war. Bezüglich der Verantwortung weicht Beatriz aus und schildet die Situation wie sie sie in ihrer Familie erlebt hat als Norm. *"Parents don't think of the damage they cause their children when they for one reason or other change their lives, whether from one country to another, from one town to another or even from one house to another."*

Trotzdem wünscht sie sich eine Familie, erkennt aber, dass die Instabilität möglicherweise in ihr selbst liegt. Mit der (unrealistischen) Idee nach der Adoption eines Kindes wird der Wunsch nach Stabilität, Beständigkeit und (emotionaler) Zugehörigkeit offenbar; erste Zweifel über ihre eigene Befähigung kommen erst durch die Beschäftigung mit dem Thema Entwurzelung auf. *"I want to gain stability in my life, maybe buy a nice property and I have been thinking of adopting a child. I still have a lot to give. But, here is the big question; will I be able to not damage a new child´s life if I cannot achieve becoming stable?"*

Beatriz sagt von sich heute, dass sie Mexikanerin ist und sich mexikanisch fühlt. *"It took me years to admit I love being Mexican and I would not like to live anywhere else in the world, I love the culture, the diversity in it and even though the people never accepted me completely, I like them now."* Dieses Gefühl hat aber nicht zu einer tatsächlichen Verwurzelung / Beheimatung im Sinne eines sense of community oder role taking in verschiedenen Bereichen geführt. Auch als Mutter und Partnerin war kein stabile Rollenübernahme / commitment möglich.

Mit knapp 50 Jahren ist es Beatriz nicht gelungen, eine eigene tragfähige Identität, die auf entsprechend positive Resonanz in ihrem Umfeld stößt, zu entwickeln. Sie empfindet sich sowohl als Opfer ihrer Majoritätsgesellschaft, hat aber auch den Anspruch, eine führende Rolle einzunehmen. In der Regel führt dies zu Konflikten mit der Außenwelt und zu reduzierten sozialen Bindungen.

Bei einer möglichen Zuteilung einer Identität noch Kroger / Marcia wäre Beatriz der diffusen Identität zuzuordnen, den Schritt in ein eigenes Lebensprojekt im Sinne einer Aufgabe/Ausbildung/Rollenerfüllung hat sie nie gewagt *„all having in common a weak or non-existing exploratory period and an inability of making definite commitments."*[155]

Es bleibt hier bei einer diffusen Identität, es überwiegen Bezugslosigkeit, prekäre Bindungen und das Fehlen innerer Stabilität. Es wird nicht erkannt, wo man selber steht und was von diesem Standpunkt aus realistisch oder unrealistisch ist (z. B. eine Adoption unverheiratet und ohne Einkommen oder die entwickelten ‚Produkte').

7.3. Marie

Marie hat für ihren Bachelor sehr lange gebraucht und nie in diesem Bereich gearbeitet. Nach wie vor jobbt sie in nicht-versicherungspflichtigen Jobs und lebt in prekären Verhältnissen.

Ihre Vision von einer möglichen zukünftigen Beschäftigung bleibt diffus und wird seit Jahren in die Zukunft verlegt. Die Vermeidung fester (Arbeits-) Verhältnisse stehen im Vordergrund, das commitment, die Übernahme sozialer Rollen im Sinne von Verantwortung für tragfeste Bindungen im privaten oder beruflichen Bereich wird auf unbestimmte Zeit verschoben. *„Da muss ich mich nochmal beim Jobcenter schlau machen.“*

Die Bindung zur Herkunftsfamilie und zum polnischen Umfeld sind durch die Erwartungen, die an sie gestellt werden und die sie sehr wohl wahrnimmt, eher nicht dazu geneigt, Geborgenheit zu schaffen. *„Bis heute kommen bohrende Fragen und besorgte Nachfragen von Tanten und Anverwandten, für die meisten bin ich längst zu alt zum Heiraten. Und Karriere habe ich auch nicht gemacht. Ich bin für mein polnisches Umfeld ein Sorgenkind. Eine Frau mit Problemen, weil sie keinen Mann halten kann und unglücklich muss ich auch sein denn ich bin ja kinderlos.“*

Auch Freunde, die längst in gesicherten Verhältnissen leben und commitments entsprechend ihrer ‚epigenetischen‘ Entwicklung eigegangen sind (Beruf, Heirat, Kinder) haben Marie auf dem Weg durchs Leben ‚zurückgelassen‘ in Phase V, der nicht abgeschlossenen Adoleszenz. Marie führt dies auf fehlende finanzielle Möglichkeiten zurück, verfügt aber nicht über genug innere Ressourcen, dies zu ändern. *„In Deutschland bin auch ein Sonderfall, erst ewiger Student, dann ewig jobben, keine soziale Absicherung, Leben am Rand und Bangen bis zur nächsten Miete. Viele soziale*

Kontakte sind eingeschlafen, die meisten sind in Vororte gezogen, haben eigene Familien, besuchen Veranstaltungen oder fahren gemeinsam weg. Da muss eben nicht jeder Cent umgedreht werden und dann gehört man auch irgendwo da nicht mehr dazu.“

Zu einer langjährigen Partnerschaft kam es nicht und es gibt auch keine Kinder.

Ihre eigene Entwurzelung, ihre Entfremdung in beiden Gesellschaften nimmt Marie als Gefühl von Isolation und Einsamkeit wahr, fast alle Faktoren der Definition einer diffusen Identität sind zu finden' *„bezeichnet Personen, die aus diversen Gründen nicht in der Lage sind, feste Bindungen oder Verpflichtungen einzugehen. Bestenfalls werden sie von ihrer Umgebung als anpassungsfähig, flexibel oder charmant wahrgenommen. In der Regel überwiegt innere Leere, Bezugslosigkeit und Isolation. Eine Selbstwahrnehmung erfolgt oft nur über externe Rückmeldungen, eine innere Stabilität konnte nicht entwickelt werden.“* (vgl. Kapitel 2.4)

Schon bei der vermeintlichen ‚Heimkehr‘ nach Polen stellt sich heraus, dass die Zugehörigkeit, die sie in den Ferien empfunden und die Selbstwahrnehmung als ‚Polin in Deutschland‘ eine (für TCKs typische) Illusion war. *„Mein „zu Hause“, Polen, dort wo ich mich so geborgen fühlte gab es nicht mehr so wie ich es in meiner Erinnerung hatte – alles war anders. Es war wohl doch nicht zuhause, obwohl ich das immer gedacht hatte und mich als die Polin in Deutschland gefühlt hat.“*

Bis heute kam es nicht zu einer sozialen Einbindung weder im polnischen Umfeld noch in der Majoritätskultur, die Entwurzelung ist gelebte Realität. *„Vielleicht habe ich gelernt zu überleben, aber leben muss noch anders sein, es müsste so sein, dass man irgendwo dazu gehört, Ähnlichkeiten* *mit den anderen hat." „So fühle ich mich meist wie ein Fremdkörper und meine soziales Umfeld ist auf nur zwei Freunde geschrumpft."*

Wäre sie in Polen geblieben, wäre sie längst verheiratet und Teil einer großen Gemeinschaft, offensichtlich wünscht sie sich diese Zugehörigkeit auch *„Wäre ich nur in Polen aufgewachsen, wäre ich verheiratet und würde das auch normal finden, weil ich nichts anderes kennen würde. Manchmal wünsche ich mir das sogar.*

7.4. Rebecca

Beruflich arbeitet Rebecca kontinuierlich aber wenig erfolgreich. Es ergeben sich zwischenmenschliche Probleme, und sie erfährt großen alltäglichen Leidensdruck durch Ausübung eines Berufs, der nicht ‚identitätskonform' ist und nicht zu ihr und ihren Möglichkeiten passt. Finanziell erhält sie sporadisch Zuwendungen, auch sehr teure Geschenke, hierin agieren ihre und Tonys Eltern gleich ambivalent. *„Hilfe erhalte ich nie, dafür: teure Geschenke, auch Geld, aber nie regelmäßig."*

Sozial fasst Rebecca nie richtig Fuß, gehört nicht dazu. Das veränderte Kohärenzsystem lässt es nicht zu, dass sie sich selbst in der neuen Majoritätskultur ‚erkennt' und ‚erkannt wird'. In der Unterschicht der ‚jungen Mütter ohne Einkommen und Schulabschluss', ist sie nach ihrem Selbstverständnis jedenfalls nicht zuhause und es entstehen keine Bindungen in diesem Milieu.

Beheimatung im Sinne der Erarbeitung eines ‚sense of community' sind in der neuen Majoritätskultur erschwert. Wertevorstellungen, die immanent gelebt werden und deren sie sich nicht bewusst war, machen tiefere soziale Kontakte schwieriger als erwartet. *„Die Angebote für junge Mütter* *sind nichts für mich. Junge Leute, die ich intellektuell interessant finde, habe in ihrem sozialen Umfeld keinen Platz für jemanden mit Kind. Das ist uncool. Kinder gehören in diesem Land nicht dazu, auch das macht mir klar, wie fremd ich hier bin."*

Rebecca hatte sich bisher immer als Handelnde, als privilegierte Person empfunden, die über Gestaltungsmöglichkeiten für ihre Zukunft verfügt. Auf das engmaschige System der deutschen Gesellschaft findet sie keine Antwort. Das Kohärenzsystem, auf dessen Fundament sie hätte agieren können, ist nicht mehr greifbar.

Über Rebeccas Fähigkeiten Beziehungen einzugehen, erfahren wir nichts. Ihr Dreh- und Angelpunkt ist ihr Sohn Pascal und die Verantwortung für ihn. Mehr ernsthafte emotionale Bindungen scheinen nicht im Vordergrund zu stehen.

In Bezug auf das Gedankenspiel, ob sie ihrem Sohn eine ähnliche Erfahrung durchleben wollen lassen würde, erfahren wir relativ konkret, warum Rebecca sich dagegen entschieden hat. Offensichtlich war der Gedanke an eine Rückkehr in fast jeder Lebensphase präsent, wurde aber zugunsten einer Nicht-Entwurzelung des Sohnes immer wieder verworfen. *„Bezüglich meines Sohnes bin ich einen anderen Weg gegangen. Um ihm sämtliche Zerrissenheit zu ersparen, habe ich die erträumte Rückkehr immer weiter verschoben. [...] Eins habe ich bedingungslos getan: seine eigenen Ideen zur Berufswahl unterstützt, obwohl ich mir selbst etwas anderes für ihn gewünscht hätte. Also habe ich das Gegenteil vom dem getan, was ich erlebt habe."*

Rebecca lebt sozial isoliert und ohne Erfolg in ihren Beheimatungsstrategien. *„In meinem Fall ergeben sich jahrelange Belastung durch einen verhassten Beruf, die persönliche Missachtung seitens der Familie, kein Freundeskreis und* *das komplette Fehlen von Großeltern als Bezugspersonen. Es war ein einsames, freudloses Leben und das völlig grundlos: ich hatte ein Zuhause, einen guten Plan für die Zukunft und stabile soziale Bindungen.“*

Die Identität ist hier nicht klar ersichtlich, das Funktionieren in Rollen und die Übernahme von Verantwortung, das gesellschaftlich geforderte ‚commitment‘ wurden erfüllt, andere Aspekte positiver persönlicher Entwicklung fehlen und werden auch als weiterhin nicht erfüllbar angesehen. *„[…] they (moratoriums) become ruminators, perpetually mired in […] dilemmas. In the best of outcomes, moratoriums make self-relevant choices and move on to firm commitments of identity achievement; in more unfortunate outcomes, they become paralyzed in their own vacillations.”*[156] Das Moratorium passt als Identität zu Rebeccas Zustand des ‚weder-noch‘. *„Ich bin raus. Aber hier bin ich auch nicht. Ich bin einfach innen tot.“*

7.5. Bali Ray (Autor des Romas (un)arranged marriage)

Über den Autor Bali Rai ist nur wenig online zu recherchieren, aber er hat als Jugendautor eine eigenen Seite. Er beendete sein Politikstudium in London mit Abschluss 1994 und jobbte dann in Gelegenheitsjobs, bis er 2001 seinen Roman (UN)ARRANGED MARRIAGE veröffentlichte.

Er hat seither diverse Kinder- und Jugendbücher geschrieben und äußert sich zufrieden damit, dass sein Lebensplan aufgegangen sei. Schon als Kind habe er davon geträumt, Fußballstar, Bob Marley oder Schriftsteller zu werden. *„and I embarked on the career I had dreamt of as a child.”*[157]

Über seinen weiteren Werdegang und Information zu seiner persönlichen Lebenssituation, ob er geheiratet hat oder

Kinder hat, war keine weitere Information verfügbar. Auffällig ist, dass - wie bei vielen TCKs - das Thema des Anderssein/der Fremdheit ihn nicht loslässt. In mehreren Romanen widmet er sich artverwandten Aspekten.

7.6. Ilpo

Das zweite Interview mit Ilpo wird geführt, nachdem er sein Medizinstudium in Chicago beendet hat. Es ist davon auszugehen, dass er als Arzt tätig wurde und es sei zu vermuten, dass er nicht in prekären Verhältnissen lebt.

Der weitere Werdegang, insbesondere seine persönliche und soziale Entwicklung, sein Weg nach der Erkenntnis des originären Kontrollverlusts in der Flüggephase, die ihm die Möglichkeit nimmt, nach Finnland zurückzukehren.[158] Diese Aspekte werden im Interview im Buch ‚Third Culture Kids' nicht aufgegriffen. Da die Interviewpartner anonym bleiben, war auch keine weitere Recherche möglich.

7.7. Tony

Von Tonys weiterer Entwicklung in Bezug auf Persönlichkeit und Beruf ist nichts bekannt, allerdings findet das zweite Interview mit ihm in der Jugendstrafanstalt statt. Offensichtlich hat der Drang, eine eigene Identität autonom zu entwickeln und einen Platz mit eindeutigen sozialen Bezügen zu finden, dazu geführt, dass er sich kriminellen Kreisen anschloss. Hierdurch verstärkt sich zwar die soziale Dissonanz zum Wertesystem der Majoritätskultur, aber zumindest wird Tony zum Akteur seines eigenen Lebens, nicht mehr zum „Anhängsel", erlebt zumindest durch die Komplizenschaft die fehlende soziale Zugehörigkeit und Handlungsfähigkeit.[159]

Mitzscherlich spricht von einer eskalierenden, zunehmenden sozialen Desintegration, die alle Lebenswelten erfasst und weder durch berufliche Einbindung noch die ambivalenten Bemühungen der Eltern kompensiert werden können.[160] Die Eltern offerieren Geschenke, (Fahrschule, Auto) und übersehen dabei, dass genommene Lebenschancen und zerstörte Identitätsentwürfe nicht durch Geldgeschenke kompensiert werden können. Innerlich steht nach wie vor die Schuldzuweisung für das eigene Scheitern an Tony im Raum.

Die individuelle Freiheit, das Gefühl der Handlungsfähigkeit, die Abwesenheit von Zwang ist im Identitätsentwurf zum Ende der Phase V durch nichts zu ersetzen. Ohne inneres, wirksam werdendes Agieren nach außen keine Identitätsfindung im gesellschaftlichen Kontext, denn das Individuum entstehet erst im Spannungsfeld zwischen dem Innen und Außen (interaktiv vgl. Hurrelmann). In diesem besonderen Fall war Tony auch Beispiel für eine gelungene Erziehung zur „sozialistischen Persönlichkeit". Angepasst, mit wenig Streben raus aus dem gesellschaftlichen Kontext fühlte er sich in den vorgegebenen Strukturen wohl, zugehörig und wertgeschätzt. Alle senses warem für ihn intakt, seiner persönlichen Entwicklung – vielleicht mit übernommener Identität – stand nichts im Wege und wäre mit großer Wahrscheinlichkeit problemlos verlaufen.

Letztlich benennt Tony den Verlust von Freundschaft als eines seiner Hauptprobleme und erkennt, dass er selbst den inneren Rückzug angetreten hat. Vor allem braucht er es, genügend Leute kennenzulernen *„ich werd' so zurückgezogen irgendwie"*.[161]

Zum Zeitpunkt des letzten Interviews kann er kein eigenes zukunftsfähiges Konzept aus sich selbst heraus entwickeln *„Das Hin- und Herfahren ist Ausdruck seiner inneren Zerris-*

senheit, d. h. auch heute fehlt ihm in erster Linie die Richtung, wohin er will.“[162]

Das Gefühl der Entwurzelung, des Verlustes von Kohärenz- und somit Kontrollgefühl dokumentiert Mitzscherlich so: Tony müsse sein „Anhängsel Gefühl“ überwinden und es bestehe die Notwendigkeit, *„ein Gefühl für seine Autonomie zu entwickeln.*“[163] Der Beheimatungsprozess könne befördert werden, wenn es gelingt, das Gefühl der sozialen Desintegration zu überwinden, d. h. einen neuen sense of community zu entwickeln.

Im vorliegenden Fall bleibt noch einmal darauf hinzuweisen, dass Tony nicht aus einer Familie mit sozialen Schwierigkeiten stammt, es handelt sich um ein Elternhaus, was durchaus Stabilität und gelungene Identitätsfindung möglich macht, so sind beide Geschwister aufgrund anderer Lebensphasen (Schüler, junger Erwachsener mit Beruf) nicht von der Flüggephasenproblematik im selben Maße betroffen.

Bezüglich eigener Kind äußert Tony, er wolle sie *„anders erziehen*“ als seine Eltern ihn, er führt diese Betrachtung aber nicht weiter aus.[164]

8. SCHLUSSBETRACHTUNG

Es bleibt schwierig, auf die gestellten Fragen konkrete Antworten zu finden. Jeder menschliche Entwicklungsprozess ist von diversen Faktoren begleitet. Dennoch erscheint mir eine Ruptur in der Flüggephase auch später zu belastenden Konsequenzen für den Lebensentwurf des jeweils Betroffenen zu führen. Ich bemerkte bei meinen Recherchen, z. B. bei online Portalen für TCKs oder ATCKs oder bei der Stichpunktsuche, dass überproportional viele Mehrkulturenpersonen auf der Suche nach Antworten sind, viele scheinen sich zu hinterfragen, sind innerlich auf der Suche. Diese Tendenz schwindet nicht im Alter, es gibt kein Studien um den weiteren Lebenslauf der TCKs.

Pollock et all. veröffentlicht auf den letzten Seiten den Beitrag von Paul Asbury Seamann, selbst ein ATCK (Adult Third Culture Kid). Er berichtet, dass Mehrkulturenpersonen oft etwa so oder ähnlich Bezug zu ihrer Vergangenheit nehmen: *„[...] immer wieder beenden sie ihren ohnehin sehr positiven Bericht etwa so: << [...] aber es war toll. Ich würde es gegen nichts eintauschen.>> In dieser Zusammenfassung steckt eine subtile Abwehrhaltung [...]. Was ist es eigentlich, dass ihnen offenbar diese Versicherung notwendig erscheinen lässt? Oder versuchen sie sich selbst etwas zu versichern?“*[165]

Wie so oft sind die Originalpassagen im Standardwerk von Pollock et all. wenig optimistisch, so fährt Seamann auch fort: *„Ich vermute jedoch, dass die Mehrzahl von uns schlicht und einfach mit ambivalenten Erinnerungen lebt und dass das Bewusstsein des Verlustes im Wesentlichen gleich bleibt, ob unser vorherrschendes Gefühl von Wehmut, Bedauern oder Bitterkeit geprägt ist.“*[166]

Seamann beschreibt weiter, wie es sich anfühlt, ein ATCK zu sein: Das soziale Umfeld, die Eltern *„sie erkannten nicht das Trauma der Entwurzelung und der kulturellen Vetriebenheit, weil viele Aspekte davon außerhalb ihrer eignen Erfahrung und damit außerhalb ihres Verstehens lagen.*“[167]

Dem muss ein Ende gesetzt werden. Eltern, die mit Kindern auswandern, tun gut daran, die Flüggephase zu vermeiden oder sie in einem geschlossenen kulturellen Kontext stattfinden zu lassen. Das empfindliche Wechselspiel zwischen Ablösung und noch-Brauchen ist bezüglich des Persönlichkeitsentwurfs nach Phase V extrem fragil und kann von unreflektierten Eltern nicht sinnvoll unterstützend begleitet werden, vor allem dann nicht, wenn sie in anderen Wertegemeinschaften leben - unabhängig vom räumlichen Wohnen. Im Gegenteil: Es kommt zumindest bei den hier vorgestellten Partizipanten zu verbalen Demütigungen (Kate, Marie, Rebecca, Manny), die konkret darauf ausgerichtet sind, den ersten Persönlichkeitsentwurf zu torpedieren.

Was sorgt denn nun dafür, dass ein Mensch sein Umfeld sein Zuhause nennen kann? Was ist der Unterschied, wenn man in eine Kultur hineinwächst oder diese selbst für sich wählt?

Ein Mensch fühlt sich da ‚beheimatet‘, wo sein Persönlichkeitsentwurf in die Majoritätskultur passt - d. h. auch angepasst ist - ohne dass das Individuum sich dadurch in seiner persönlichen Freiheit eingeschränkt fühlt. In der Regel passiert dies beim Heranwachsen/Aufwachsen wie ‚von selbst‘ ist aber von einer Vielzahl von Rückmeldungen, verbalen, nonverbalen, formalen und informalen, abhängig. So wie die Kultur in das Kind kommt, so formt sich in und mit der sie umgebenen Kultur auch der junge Mensch in seinem sozialen Kontext.

Im Normalfall passiert das durch die Experimentierphase der Jugend, der junge Mensch findet hernach seinen Platz für sich, eine Nische, *„die fest umrissen und doch wie einzig für ihn gemacht ist. Dadurch gewinnt der junge Erwachsene das sichere Gefühl innerer und sozialer Kontinuität*", eine Brücke zwischen Jugend und Selbstständigkeit, die zugleich das Bindeglied ist zwischen dem Bild *„in dem er sich selbst wahrnimmt, mit dem Bild verbindet, unter dem er von seiner Gruppe, seiner Sozietät erkannt wird.*"[168]

Dieser geschilderte, fast sanfte Übergang stellt sich für TCKs anders dar. Kate sagt rückblickend: "*I now feel like that was like breaking a horse the rude way, trying to kill something inside so it won't be wild and not speak up.*" Sophia Morton beschreibt es in ihrem Gastbeitrag so: "*Manchmal glaube ich, der Zement meines Wesens wurde aus einer kulturellen Form herausgenommen, bevor er fest geworden war und in andere Formen gedrückt [...] doch am Ende kam eine Skulptur heraus, die in keine davon mehr passte.*"[169]

Der Jugendliche ist angewiesen auf stimmige Gegebenheiten im innen und außen – Kohärenzgefühl - seine Ziele werden erreichbar, ein Gefühl der Kontrolle macht ihn handlungsfähig - und die Rückmeldung aus dem sozialen Umfeld gibt Vertrauen auf das Gelingen und den Mut, selbst zu gestalten. In der Regel führt dies auch dazu, dass der Einzelne eingebettet ist in ein Netz aus Freunden, Bekannten, Lehrern, anderen Bezugspersonen. Ein Problem tritt auf, wenn das Elternhaus, zu dem besagte Abhängigkeit im Sinne von emotionaler und/oder finanzieller Unterstützung besteht, außerhalb dieses Wertesystems agiert und die Anerkennung verweigert oder die Entwicklung durch Zwang unterbindet.

Hurrelmann sieht die zentrale Aufgabe des Jugendalters in der Erstellung eines stimmigen Selbstkonzeptes, das sowohl dem Ich genügend Freiraum gewährt als auch in die Umgebung ‚passt', ohne anzuecken oder einen Verlust von gefühlter Individualität zu erzeugen. Laut Hurrelmann ist dies ein Wechselspiel von Integration (äußeren Faktoren) und Individuation (eigenständigem Handeln). Ein gelungener Abschluss hängt vom Selbstvertrauen ab. Fehlt also die Anerkennung durch das soziale Umfeld oder der Kernfamilie oder agiert letztere sogar zersetzend für die Lebensziele des Jugendlichen, fehlt ein wichtiger Impuls zur Ablösung und Beendigung der Flüggephase mit einem stimmigen, ausgereiften Persönlichkeitsentwurf.

Selbstvertrauen entsteht aber wieder nicht im ‚luftleeren Raum', sondern ist das Echo der Umgebung und somit gebunden an einen kulturellen Kontext oder festen Bezugspersonen. Findet dieses Zusammentragen von innen und außen unter Verlust der Majoritätskultur statt, ist es für den Betroffenen komplexer. *„I just wanted to be free and understand rules and be treated with respect - that was fine where I came from, something must be wrong here. I felt wrong here."* (Kate)

Wird ihm zusätzlich ein wichtiges Element genommen, z. B. das Kohärenzgefühl, was die eigenen Handlungen erst wirksam werden lässt, fehlen essenzielle Bestandteile der Persönlichkeitsfindung. *„[...] ein Agieren ist in keiner Richtung möglich, die soziale Isolierung ist komplett, die Spielregeln komplett anders. Arbeit kann ich mir nicht leisten."* (Rebecca)

Pollock et all. warnen davor, dass die normalen Rollenfindungsprozesse kaum erfolgreich verlaufen können, wenn sich die Gegebenheiten - die geltenden sozialen und formalen Regeln - abrupt ändern. Wir sehen hier *„warum die Frage der kulturellen Balance und der Mobilität - und das Alter,* *in dem sie zum Tragen kommen - so wichtig sind.*“[170] In einer Zeit, in der junge Menschen die Regeln der Gemeinschaft verinnerlicht haben, käme jetzt die Zeit „*mit wachsendem Selbstvertrauen ihren Aktionsradius zu vergrößern*“.[171] Dieser Mechanismus steht für diejenigen, die den großen Aktionsradius jetzt brauchen, um flügge zu werden, nach einem Biographiebruch in der Flüggephase nicht zur Verfügung. Sie bleiben unter ihren Möglichkeiten. „*Sie haben nicht die Freiheit, ihre persönlichen Gaben und Talente zu erkunden, weil sie immer noch zu sehr damit beschäftigt sind, welches Verhalten angebracht ist und welches nicht.*“[172]

Nicht nur das Verhalten muss zu den immanenten Werten im sozialen Umfeld passen, auch Status und Beruf gehören als Kernkomponenten dazu. *“In general, it is the inability to settle on an occupation identity which disturbs young people*”[173] Laut Erikson kommt es bei der Berufswahl zu einem Zusammentreffen multipler identitätsgebender Faktoren, wie z. B. persönliche Fertigkeiten, charakterliche Eignung, eigenem Geltungsbedürfnis, gelungener Impulssteuerung und einem Gefühl der Verbundenheit. Fehlt der gelungen Start, die Verbindung persönlichen Fertigkeiten - soziale und praktische - zu wirtschaftlichen Möglichkeiten, ist die Phase V nicht gelungen abgeschlossen. Dies hat Auswirkungen auf die jeweils weiteren Lebensphasen, denn das Gelingen des epigenetischen Prinzips für einen Lebenszyklus hängt ab von „*der richtigen Entwicklung zur richtigen Zeit*“[174] und kann nicht ohne weiteres ‚nachgeholt‘ werden.

Merkmal der Flüggephase ist und bleibt die fragile Abhängigkeitssituation, in der die Jungen schon ‚im freien Flug‘ sind, also Mitbestimmen oder Selbstbestimmen sollten, damit die neue Identität ‚wirksam wird‘ und die Handlungen, die daraus entwachsen, Lebensrealität/Lebensgestaltung werden können. Selbst wenn die Eltern mit Unterstützung reagieren würden, sind sie in dieser epigenetischen Phase nur anteilig die richtigen Interaktionspartner für den Ablösungsprozess. Viel mehr braucht der junge Mensch jetzt (s)ein soziales Umfeld, in dem er flügge werden kann. Wer an dieser Stelle einem Biographiebruch ausgesetzt ist, kann nicht auf die notwendigen flankierenden Faktoren: sense of community, sense of coherence und sense of control bauen, in der Regel verliert der Betroffene alle drei. Ist er dann weiteren Verwerfungen ausgesetzt, etwa Schuldzuweisungen, Unverständnis und Erniedrigungen, ist ein positiver Start in die nächste Phase nahezu unmöglich. Alle abrufbaren Ressourcen (soziale Fertigkeiten, Kommunikationsfähigkeit, angemessenes Verhalten, reagieren auf unausgesprochene Erwartungen der neuen Majoritätskultur) müssen erst neu entwickelt werden und stehen in der Transmissionsphase zwischen zwei Kulturen und zwischen Phase IV und V zur Identitätsfindung in einer unverstandenen oder ablehnenden neuen Umgebung nicht zur Verfügung.

An dieser Stelle sei nochmal an die Gastarbeiterkinder erinnert, die denselben Prozess der Identitätsfindung mitsamt erstem Persönlichkeitsentwurf und Berufswunsch meist in der Majoritätskultur, mit Zugehörigkeit zu einem zweiten kulturellen Umfeld, meistern müssen. Auch dies ist eine komplexerer Prozess als bei den Monokulturellen, geht aber im Normalfall nicht mit einem Biographiebruch einher. Die Jugendlichen entwickeln sich zwar vor dem Hintergrund zweier Kulturen, werden aber nicht aus ihrem sozialen Kontext gerissen. Sense of community und sense of coherence bleiben erhalten, möglicherweise muss bei divergierenden Wertevorstellung in der Ablösungsphase um den ‚sense of control' stärker gerungen werden.

Kann dies zu dauerhaften Einbußen der Lebensqualität führen, zu einer sogenannten Entwurzelung?

Zu Beginn der Arbeit stellt Thiele in ihrer Doktorarbeit fest, es könne zu einem *„Misslingen der eigenen Verortung in der realen Welt“* führen, die als Folgen durchaus Rückzug, Suizid und mangelnde soziale Fertigkeiten mit sich bringen kann.[175] Auch die hier vorgestellten Personen sind in ihrem Lebensentwurf mehrheitlich nicht angekommen, nicht integriert. Laut Erikson drückt der Begriff Identität *„also insofern eine wechselseitige Beziehung aus, als er sowohl ein dauerndes inneres Sich-Selbst-Gleichsein wie ein dauerndes Teilhaben an bestimmten gruppenspezifischen Charakterzügen umfasst.“*[176] Das sehe ich bei den hier vorgestellten ATCKs als mehrheitlich nicht gegeben an.

Trägt man die Äußerungen zum damaligen/jetzigen Lebensgefühl zusammenträgt, stellt man fest, dass es Defizite in ihren Beheimatungsprozessen und/oder in ihrer Persönlichkeitsfindung gibt.

Tony spricht von sich selbst als Anhängsel, Rebecca nennt sich ein kaputtes Gepäckstück, Marie empfindet sich selbst als Sorgenkind in der Wertung anderer, mindestens zwei Personen kommen nie aus einer prekären finanziellen Lage heraus. Fast alle beklagen Isolation, ein Gefühl der inneren Leere oder Unruhe und einer unüberbrückbaren Distanz zu den Mitmenschen.

“I am maybe Mexican, but Mexico is not my home and I am definitely not American, I envy people who don’t have to question that all the time, they seem to fit, never question and have a certain inner peace I guess I won’t live to have.” (Kate)

“ACCEPTED ONLY BY A FEW PEOPLE AND DEFENDING MYSELF CONSTANTLY.” (Beatriz)

“ […] *aber leben muss noch anders sein, es müsste so sein, dass man irgendwo dazu gehört.*“ (Marie)

„Ich bin einfach innen tot.“ (Rebecca)

„Ich habe das Gefühl, als wäre mir meine Welt durch die Finger geronnen.“[177] (Ilpo)

„Ich bin ein Mischwesen, eine Bürgerin beider Welten. Du könntest nie an meiner Welt teilhaben.“[178]

Auch Pollock et all. erkennen in Anlehnung an das epigenetische Prinzip an: *„Jeder Mensch muss gewisse Lebensphase erfolgreich absolvieren, um als unabhängiger Erwachsener fungieren zu können. Zumindest in der westlichen Kultur sind es typischerweise die Teenagerjahre, in denen mehrere dieser entscheidenden Entwicklungsschritte stattfinden.“*[179]

Auf S. 207 bei Pollock et all. heißt es dann: *„Zum Beispiel sind die letzten beiden Jahre der höheren Schule kein guter Zeitpunkt, um Jugendliche zu entwurzeln. [...] sie werden wahrscheinlich auch nicht in der Lage sein, Pläne für ihren weiteren Weg nach der Schule zu machen.“* Auch die Ablehnung durch die neue Majoritätskultur ist ein Hemmschuh für den Beheimatungsprozess, das soziale Umfeld aus dem Passland der Eltern merkt schon bald, dass mit der anderen Person ‚etwas nicht stimmt‘, dass ihre kulturellen Erwartungen, wie dieser Mensch zu sein hat, nicht ‚passen‘. Ablehnung und Isolation sind die Wegbegleiter entwurzelter TCKs.

Offensichtlich ist es weit verbreitet, sich hierüber als Eltern keine Gedanken zu machen; wie auch die Betroffenen in dieser Arbeit erfahren mussten. *„I can see now that my mother was not able to understand that growing up elsewhere had made me different inside.”* (Kate) Es ist aber nicht Aufgabe von TCKs ihre Eltern zu verstehen, vielmehr ist es deren Aufgabe, sie vor einer Entwurzelung mit sozialen Härten als Folge zu schützen. Die Eltern *„müssen sich klar machen, dass es letzten Endes ihre Aufgabe ist, ihrem*

Kind durch die Wiedereintrittsphase hindurchzuhelfen. Diese Tatsache ist so elementar, dass es fast albern erscheint, sie eigens zu erwähnen, aber wir haben erlebt, wie TCKs [...] keine klare Vorstellung hatten (neues Umfeld, Uni etc.)."[180]

Was bei Pollock et all. nach Ausnahme klingt, ist in dieser Recherche die Regel und das grundlegende Problem: Das nicht-Erkennen, was für innere Aufgaben gerade im TCK bewältigt werden müssen. Pollock et all. empfehlen den Eltern sogar, auf Karriere zu verzichten, wenn ein Entwurzelung droht, denn „*wenn sie es versäumen, können sie damit ihren Kindern lebenslange Schäden zufügen durch Fehler, die diese TCKs machen, oder die Verlassenheit, die sie empfinden, während sie sich allein in einer Welt zurechtzufinden versuchen, die ihnen unbekannt ist.*"[181] Dabei können Eltern durch geistige Abwesenheit gleiche Schäden wie durch körperliche verursachen.

Bis auf Ilpo haben sich alle Beteiligten sehr eng mit der lokalen Kultur identifiziert, und tauchen so komplett in diese ein, dass sie beschließen, „*nie in ihr Heimatland zurückzukehren. [...] Freilich ist es unfair, wenn Eltern ihr Kind während der gesamten Schulzeit zu tiefen kulturübergreifenden Beziehungen ermutigen und sich dann beschweren, wenn dieses Kind in der Gastkultur heiratet oder sich dauerhaft niederlassen möchte. Die möglichen langfristigen Implikationen [...] müssen zu Beginn der TCK Erfahrung durchdacht werden, nicht am Ende.*"[182]

Diese Erkenntnis mit den zusätzlich zusammen getragenen Fakten zur Flüggephase muss dringend Eingang finden in Firmen und Organisationen, die mit Expatriates arbeiten. Es kann nicht sein, dass am Ende diejenigen, die keinen oder wenig Einfluss auf den Ort und die Art und Weise, wie sie aufwuchsen, die Leidtragenden sind, die mit Depressionen, posttraumatischen Stress, Isolation u. ä. leben müssen.

„Nach dem ersten Jahr im Heimatland steigt die Selbstmordrate unter TCKs an. Für sie ist es ein andauernder Kampf, ihren Platz zu finden, der zur Verzweiflung führt, nicht nur der anfängliche Wiedereintritt.“[183]

Zum Abschluss kehren wir zurück zur Frage: Was brauchen im Ausland aufwachsende Jugendliche für einen gelungenen Persönlichkeitsentwurf?

Wäre die Identität ein Kuchen, dann wäre es einfach, ein Rezept zu finden. Man nehme eine Prise Anerkennung, 100 g finanzielle Unterstützung, 500 g Peergroup usw. Aber Persönlichkeitsentwürfe sind komplexer und individuell verschieden. Trotzdem bedarf es einiger ‚Ingredienzen‘ ohne die das Endprodukt, die Persönlichkeit oder Identität, nicht oder nur schwerlich gelingt.

Als Umfeld und Kontext und zur Verifizierung der eigenen Wahrnehmung, aus der ein Konzept erst entstehen kann, bedarf es der drei „senses“. Der junge Mensch muss Zugehörigkeit und Anerkennung durch sein soziales Umfeld erfahren (sense of community). Die Spielregeln der Gesellschaft, die er gerade erst verinnerlicht hat (sense of coherence), sollen ihm ein stabiles Fundament für eigenständiges Handeln und Entscheiden bieten (sense of control). Diese drei ‚Wurzeln‘ bilden das Fundament der weiteren Entwicklung; sie sind es, die bei einer Entwurzelung verloren gehen. Die Anwendung von Zwang (oder fehlender Information) und/oder verbaler Erniedrigung verhindern, dass ein Gefühl der Zuversicht und Kontrolle entsteht, was ganz wichtig für das Selbstvertrauen ist, ohne dass es laut Hurrelmann und Erikson gar nicht erst zu einem gelungen Persönlichkeitsentwurf kommen kann. Erfolgt ein Biographiebruch in der Flüggephase, kann der Betreffende kaum mehr angemessen reagieren *„[...] eine Weiterentwicklung wäre dann unterbunden, wenn ein handelndes Reagieren für den Jugendlichen nicht mehr möglich wäre.“*[184]

Die Flüggephase betrifft auch Personen, die sich in einer Restabhängigkeit (oft finanzieller Natur) von ihrer Kernfamilie befinden. Ohne die Unterstützung, kann dies zu einem kompletten Scheitern der Persönlichkeitsfindung durch das Fehlen des „*Verknüpfen der in der Adoleszenz gefundenen letzten Fassung der Ich-Identität mit wirtschaftlichen Möglichkeiten, realisierbaren Idealen und erlernbaren Techniken*“[185] führen. Ergo zu einem Beruf, der nicht zu den persönlichen und intellektuellen Fertigkeiten dieses Menschen in seinem kulturellen Kontext passt und dessen Wahl nicht aus eigenem Entschluss erfolgte, sondern unter Zwang. Finanzielle Unterstützung ist hilfreich, um die Flüggephase mit einem ‚guten Fundament‘ in der Gesellschaft abzuschließen, in den westlichen Gesellschaften ist der Status in der Regel eng an den Beruf geknüpft.

Es bleibt festzuhalten, dass eine Entwurzelung in der Flüggephase auf jeden Fall vermieden werden sollte, an Expatriates in-spe sind diese Tatsachen zur Entwicklung ihrer Kinder heranzutragen, da offensichtlich die Auswirkungen ihrer Entscheidungen für die Zukunft ihrer Kinder diesen vielfach nicht bewusst sind oder aktiv geleugnet werden. Dies betrifft auch Arbeitgeber im hohen Maße. „*Die Verantwortlichen in internationalen Organisationen müssen erkennen, dass ihr Personalpolitik tiefgreifende Auswirkungen auf die Familie des Angestellten hat.*“[186]

Die Essays

Kate

When I was 16 years old I moved to Mexico with my mom after my parents divorced. I wanted to stay with my dad in the US and my boyfriend and my friends but I was forced to go with my mom. I started “prepa” High School” on the second year and had to re learn Spanish, and in the beginning all the kids wanted to be my friends because I was the “gringa” and several boys had a crush on me, so I felt pretty welcomed and happy, after a couple of months I realized that some of the adults didn’t like my free way of talking and speaking my mind, and that I was as friendly with the boys as I was with the girls. I think they started to think of me of being slutty or something, so I noticed some girls and some teachers kinda pushing me away or talking behind my back, drama!, so I started too and got into several conflicts that affected my performance at school, the grades I got are not at all the ones I could have gotten if I wasn´t so involved in different expectations I couldn’t quite sort out.

So I started to not care about some that were rejecting me to my eyes, or at least that’s what I felt like, and I started to go back to talking only English I guess, in a way of being rebellious, but maybe at the same time of disconnecting, and since Spanish was hard for me to retain when studying and almost nobody else spoke English, it made me feel safe or unique, so when my teachers or friends were talking to me I would answer in English and they got frustrated with me and called my mom. Instead of school or family seeing this as a desperate way of maintaining a feeling of "I am still me", they reacted with strictness. They asked me to be transferred to another school. They did not help me in a phase of transmission into a different cultural surrounding, I was bad, I was disobedient, I didn't work out. They said I wasn't a good fit for that school. This made me feel even more rejected and isolated, I wanted to go back to the US to my old life.

My poor mother had to work, and I was giving her more problems, so I also felt guilty. Looking back now as a mother of two kids that age, I understand the inner conflict I suffered much better: I felt I had to help my poor mother, now I see that nobody was helping me much or trying to understand me. I do believe it should be that parents care about kids and help them cope, not that I felt I had to "be good" not to hurt my mother. I swore I would never do that to my own kids and up to today I have always tried to understand what they are trying to tell me, what they are feeling and what inner process they are going through. I think that is what was so hard on me. And all the time I was just feeling so unhappy and I hated Mexico, it was a small town, so there were only three schools, I went to the next school but new already some of the kids there and I promised my mother I'd do my best to learn Spanish better and eventually I did.

It would have been better if I had a teacher I could talk to, family or friends of my mothers, but the adults were driving me crazy, so catholic, so closed minded, so full of guilt around sex and around equality for girls. I felt I never did get any positive feedback for things I still believe to be correct: like speaking openly, having friends of both sexes and discussing openly what you thought should be different. In that time, I felt there was no one on my side.

One of the conflicts I recall was the uniform discussion. Some female teachers wanted to force us to wear our uniform skirts under our knees and in the 80's that was like boring, I refused and almost got expelled because I wanted the teachers to give me a logical reason why they wanted to cover our knees. Of course, there was no logical reason, but it was society values of being properly covered they tried to force upon me.

My mom talked to the principal and they allowed me to finish high school there, and thankfully I did. But she also let me know that she was tired and one day she told me she was so tired and disappointed of me that it broke my heart. She killed something inside me. I was on my own, nobody did understand me and more than ever I missed my old home where I didn't feel like a complete outsider. I just wanted to be free and understand rules and be treated with respect - that was fine where I came from, something must be wrong here. I felt wrong here.

When I left high school, I didn't want to have nothing to do with school, school only meant restriction to me. I started working right away and by then I was already 19 and the old friends in the US were into college and I felt sad I wasn't there. I would have loved to study and I wished nothing more than returning to my old town but I didn't want to leave my mother alone in Mexico so I started working in the market, with my cousins, we sold some clothes.

The friendships I had at school somehow slipped away quite fast, most male friends were not really planning on staying just friends and the girls turned to dating and planning on families really quick. It seemed to me that their life somehow stopped existing and I had arguments with them, I couldn't understand why there planning of life was so limited and why courting and household and staying inside most of the time for their reputation somehow took them away from me. I felt very alone again, I did see them and had many contacts, but no one seemed to think like me, be like me.

My mother started to get sick and I started to drink a lot because that's what we did for fun in that little town and the only friends left to meet where the boys. Everyone knows everyone else in a little town, and some very religious ladies were trying to guilt trip me about my drinking problem and my mother being sick, my mother at some point took their side and I felt like we started to become somehow enemies for some months, I just wanted to scape that little town, I felt like I was drowning. And I saw no future ahead, no one to give me ideas or support mine or talk to me about what I wanted to do with life. I was lacking advice of older people who were not catholic and maybe just a little interested in who I was or wanted to be. I could not get any positive ideas or feelings in that phase of my life. I did go to work, I was social and if things would get to tight, I could drink some. That would calm the question down.

When I was 22 or 23, I finally rebelled emotionally. I was not responsible for my mothers' decisions to divorce or to go back to her hometown. I think that was a decisive moment in my life and it was a painful one. I managed to go back to the US and get a job and eventually married, I am now 42 and have two teenage children of my own. I never did regret returning to the States, me and husband have many friends, my kids are doing well at junior and high school and are full of dreams and ideas, I could never try to kill their ideas just for some reason of reputation or “it has to be that way”, I now feel like that was like breaking a horse the rude way, trying to kill something inside so it won’t be wild and not speak up. Of course I do love my mother, but I fail to understand why she acted well now I´d say cruel, why she actually didn’t listen to me at all. Both my parents should have cooperated on my school education, it really hurts me to hear of old friends with college done and doing jobs they love. I was given no choice and on top I felt responsible for my mother.

I am totally aware of being an immigrant, many people still discriminate Mexican people and now that I am older, some Mexican-Mother-Habits actually come up I have to say: I am not an American person, I see that many US citizens have no knowledge of the world and they seem not to want any. I feel best among my friends who are also immigrants because they seem to understand more and see different aspects of things. So I am a Mexican person living in Arizona, but inside I am not American but even more a stranger if I´d “go home”. So actually I don’t know if there is a place, I could call home. Home is more my friends and family, but home is also a place torn inside me because I do miss my mother and somehow even the family that gave me a hard time, but I don’t feel complete anywhere. I am maybe Mexican, but Mexico is not my home and I am definitely not American, I envy people who don’t have to question that all the time, they seem to fit, never question and have a certain inner peace I guess I won't live to have. The one thing I learned is to listen to what people - and especially my children - feel and think, who they are inside and how to help them come out of their shells and be themselves, I even changed my career to social projects, working as a coach for families in difficult situations, I am trying to re-connect them among each other, make them see each other's point and find compromises that are the least hurtful for all participants. I sometimes wonder if that is my job because that is what I missed most.

Looking back I still fail to understand how I was left alone on my way of growing up, being a mother now I reject the whole situation of my own late school years. Being kicked out of school, being criticized by everyone I knew and having no mother to back me up is such a tough memory and so different from the decision I make for my kids that I still feel angry. I can see now that my mother was not able to understand that growing up elsewhere had made me different inside. My inner concept of women's roles, marriage, friendship and future were maybe not visible, but in the long run, they could not be denied. I consider it an act of empowerment leaving behind the idea of fulfilling someone else's ideas what is good for me or how I should be, I actually think that having never left Mexico wouldn't have caused so much trouble between because the inner feeling would have been more "Mexican".

I am Beatriz

I am Beatriz and as a child I was disrooted from my native country. I have been thinking a lot about what I could or could not put in this essay and then I decided to try to put in it even the hurtful things, even the ones I have not told anybody for the purpose is to expose the damage parents do to their children when they think only of themselves and are truly convinced that a foreign experience will be good for children not realizing the damage that a new environment can do social wise to them. How they expose their offspring to bullying and self hatred due to it.

I was taken at first by my parents not only from one country to an other but also from the city I was born in, I was born in Guadalajara and when I was a one year old my father moved the family to Mexico City because of his work in advertizing when his own company closed, so I spent eight years in Mexico City where when the children in the first schools I went to learned that I was from Guadalajara and were mean to me for that reason, very stupid but in my country people from different states have rivalries which I could never explain so at nine years of age we moved again to Southern California this time because my father had quit his career and became a tapestry weaver so he wanted to explore as an artist what was the next step, and become “international”.

At first even though I had been bilingual at home and at schools, the adaptation was difficult because the school system was so different, an example is that in Mexico we only did our work in print handwriting and in the United States I had to learn cursive because the teacher asked me if I knew how to write cursive in front of everyone and they all laughed when I asked what that was. She then showed me the letters painted on cardboards above the black board so I had to really work at it so no one would laugh at me again. Funny how now this kind of handwriting is not even taught in schools anymore. But the problem was not only the teacher bullying me, but also a black boy took my papers to the office and when he came back he gave everybody the news that I had been born in Mexico, so then the racist comments started. I was surprised to have suffered racist's remarks from a person of an ethnic background that from TV shows I had learned all about how people had discriminated blacks in the states for generations. But I guess to them back then and even more now Mexicans are worst.

I then suffered it in silence till my dad´s instability kicked in again and off we moved to another county so that meant another school. In this new environment, and I should add, all the next schools, six in total, I went to, I would be more careful not to let anyone know my nationality, and when someone asked where my last name came from, I would say the truth, It is from Spanish decent but I would never reveal my birth place again. This is something I must now reprimand myself for because I love dearly my country now. It took me years to admit I love being Mexican and I would not like to live anywhere else in the world, I love the culture, the diversity in it and even though the people never accepted me completely, I like them now. I have used the damage of not being from anywhere to my advantage. Now when I move to a new town, because I can't seem to remain in one place for long… I arrive as a new member and either I keep to myself or I help out in society doing charity work in my free time.

My father managed to uproot us every six months in the

United States and we moved from San Diego to Pacific Beach to La Jolla where we lived in two houses but since the first school there closed y had to move to another one. Then we were in Van Nice for six months and then I started junior high in Culver City. That was the last time I went to a school for by that summer we moved back to Mexico. I was turning fourteen and I had been in six schools in a period of four years caused I turned ten the year we arrived. I don't think my parents were ever aware of all of the things that happened to me in school. They had been also uprooted as children as a matter of fact so were my grandparents and as far as I can tell a couple of generations back too. So they never thought of the impact, they had survived their own experiences so they guessed we would too. I have done this to my own children and also thought this would not affect them but as I write this I realize I did, because they are not copping with it well as young adults. But they have never left the country so I guess it is different in many ways. But the complaints I get are very similar. To at least what I thought, but I never discussed with my own parents.

If I had to talk about a specific experience that left me scarred for life in the United States, I guess I would have to mention one in my last school year, I was older and we knew we were moving back to Mexico so I got a little bolder and one day a girl who´s family had just moved from Chihuahua was standing next to my physical education teacher, she did not speak English at all and he was asking the students for a translator to out of which I must mention I knew for a fact that at least one third of the class spoke Spanish fluently but nobody raised their hand. They were afraid of getting bullied, I myself felt sorry for the girl and thought that at least, I had been bilingual when I got to the states, but she was lost without the language so I raised my hand. For months afterwards as I passed the halls of my school I could hear people saying remarks like, did you know she was Mexican and her brother must be too. Oh boy did he hate me for that and I must add here I paid it dearly at home too for he was, is and always will be neurotic and aggressive.

So I started defending my own country and decided that good riddance to the USA. We moved back to Mexico and I told my parents I would not go to school anymore. I was sick of the bullying and of the teachers and I knew that math would be harder since it is way behind in the United States for they don't use the decimal system, and that had been an issue with my seventh grade teacher. So I just wanted out. But that was not the last of it. My teen years were so bad, not only because I was not in school but because it is the time when you have your first love and I of course did not have people my own age to relate too so living in an adult world, I started liking older men. Funny now that I am older I now like younger men, jaja. But seriously as I reflect back on my life, I have to admit the biggest mistakes I ever made were related to having a need to have men in my life. Men in my country have this sense of inferiority when a woman is more intelligent than them. Having been raised, even for a couple of years, in another country, made me a kind of woman that was interesting, but I made men very insecure of themselves. So I have never been able to stay in a relationship for more than a couple of months at a time. My eldest son´s father, I was married to for less than a year. And my daughter´s father I never lived with him, years later when we met again, I realized I was talking to a complete stranger. Now I am not even interested in starting a new relationship for I take care of my elderly mother, my father passed years ago.

In conclusion, I am definitely not a person that is adapted to society, my friends come from all different social status, and different ages, all misfits like me, and we say we are friends because we are different from everyone else, most have been uprooted in childhood and all are just trying to survive in this social world. But on the bright side of things, I have become a critic to society and an activist. I will not put up with cruelty or bad governments. So Misfits are needed to make people think. Make people realize that the world is not perfect and things have to be done to change it for the better.

In my life I have done a lot of great things, I had two children, in my son´s case; he left to live with his father´s adoptive family He is now struggling to finish in the university. He changed his mind in his career choice, and now has two more years of hard work. He, of course blames me for his instability in life. My daughter she sort of repeated my life, quit school mad bad decisions with older men, and is working herself into an early grave, suffers depressions and I must be thankful for this is not thinking of having children she says to break the chain of the family karma. She also blames me for all the bad things that happen to her.

So do I blame my parents for this? Well in my case I'd have to blame my great grandparents and I never met them. But I do know their stories, let´s start with my father's father, who´s family migrated from Spain and he was moved from Veracruz where he was born to Mexico City as a small child, when he died, his last wish was for my father to be taken at twelve years of age to live in Cuba with his God father. After that my father growing up was in a boarding school and then as an exchange student he traveled to France, Italy and the United States. So you can see his need to move from place to place started as a very young child too. In my mother´s father´s case, he had been orphaned at birth and raised by a loving grandmother that also had to move around because of the revolutionary war, he as a young adult moved around as an engineer, that was his profession, and he married a younger woman that had been sent from New York, to Guadalajara to live with an aunt because her German father had decided she was not to follow her dream of becoming a soprano singer in the opera. And my mother also was uprooted and taken very young to the United States because her mother decided to work in a shipyard during the Second World War. So no I see them as victims of the same situation I suffered and the sad thing is when you live on the move, it keeps on happening you never belong so you just move somewhere else, and your kids obviously move with you and then they do it to their kids and so on. So I guess I just embraced my situation, my life and hope one day my kids will be able to deal with theirs.

As for my future, soon I will turn fifty, and in the three years before that happens, I want to gain stability in my life, maybe buy a nice property and I have been thinking of adopting a child. I still have a lot to give. But, here is the big question; will I be able to not damage a new child´s life if I cannot achieve becoming stable? Parents don't think of the damage they cause their children when they for one reason or other change their lives, whether from one country to another, from one town to another or even from one house to another. Humans are made to be settlers, they have their particular rituals and rules in society and these vary from one place to another.

Anybody that come from the outside, is and will always, be a stranger, a misfit, but sometimes that is what it takes to become a leader, an activist, a fighter... And as I see it, that is what the world needs.

Beatriz Reflections

I COULD NEVER FIT IN IN MY ODD JOBS SO I HAD TO CREATE A PRODUCT TO NOT HAVE TO WORK WITH OTHER PEOPLE BECAUSE I AM TOTALLY CONSCIOUS I DO NOT ACT OR THINK LIKE ANY-BODY I KNOW ALL THIS WAS BECAUSE OF MY LIFE IN ANOTHER COUNTRY AND SOCIETY

THE BULLYING AND THE PEER PRESURE WAS TOO MUCHO SO I ENDEDD UP ISOLATING MYSELF EVEN FROM DEAR FRIENDS THAT I NEVER VISIT BUT ON-LY MAINTAIN A RELATIONSHIP VIA INTERNET WITH

MY PARENTS WERE TOTALLY DISAPOINTED THAT I WOULD NEVER FINISH MY STUDIES AND I OVER COMPENSATED THIS BY BECOMING A SAINT YOU KNOW SPENDING MY TIME HELPING OTHERS IN MISFOURTUNE

ACCEPTED ONLY BY A FEW PEOPLE AND DEFEND-ING MYSELF CONSTANTLY FROM PEOPLE WHO TRY TO ABUSE BECAUSE THEY SEE A HELPLESS WOMAN SO I HAD TO BECOME PASIVE AGRESIVE WITH PEOPLE SO AS NOT TO LET THEM NEAR ME

I TOTALLY BLAME MY FATHER AND HIS HUGE EGO WHO DRAGGED US AROUND IN HIS SEARCH FOR FAME WITCH I AM HAPPY HE NEVER TOTALLY GOT FOR NOW VERY FEW POEPLE REMEBER HIM PEO-PLE SORRY

Marie

Hallo, ich bin Marie und heute 41 Jahre alt. So richtig ging das ganze Übel in meinem Leben an, nachdem ich mit dem Abitur in der Tasche zu meiner Mutter nach Polen gezogen bin. Aber vielleicht sollte ich doch erst einmal erzählen wie alles begann. Ich bin mit meinem Vater und meiner Mutter in Deutschland aufgewachsen, wo ich auch das Licht der Welt erblickt habe. Als die beiden sich scheiden ließen, war ich noch relativ klein. Meine Mutter hatte zwei Jobs um die Familie zu ernähren.

Tagsüber arbeitete sie in einem Büro und am Abend hatte Sie eine Stelle als Putzfrau. Ab und zu half sie auch noch am Wochenende einer Freundin in der Gaststätte derer Eltern mit. Kurzum – ich bekam sie wenig zu Gesicht. Für mich war das gar nicht so schlimm, da meine ältere Schwester immer daheim war. Nach dem Kindergarten und dann der Grundschule saßen wir gemeinsam am Mittagstisch bevor es zum Spielen nach draußen ging.

Eines Tages, es muss so etwa in der sechsten Klasse gewesen sein, wurde ich aus dem Unterricht geholt und zur Schulleitung gebracht. Ich hatte Angst etwas falsch gemacht zu haben, aber es fiel mir nicht ein was es dann sein könnte. Dort wartete meine Mutter auf mich. Alles lieb ab wie in einer anderen Welt. Mir wurde mitgeteilt, dass mein Vater am frühen Vormittag verstorben sei.

Nach der Beerdigung sagte mir meine Mutter auch, dass ich ein tapferes Mädchen wäre und ja schon groß. Sie erklärte mir, dass sie wieder arbeiten gehen müsse damit wir etwas zum Essen haben und etwas zum Anziehen. In meinem täglichen Leben änderte sich nichts, aber ich konnte auch viele Sachen nicht mehr fragen und auch wenn kein enger Kontakt da war, so hat er immer gefragt, wie es läuft, in der Schule und überhaupt. Die Schulzeugnisse wollte er immer sehen.

In den nun folgenden Jahren waren nur die Ferien bei meiner Großmutter in Polen ein Lichtblick. Ich verbrachte eigentlich alle Ferien soweit ich mich erinnern konnte dort. Meine Mutter musste ja arbeiten. Es war herrlich bei Oma! Sie wohnte in einem kleinen Ort und alle kannten mich dort. Ich fühlte mich dort sehr wohl. Ich wurde von allen Seiten verhätschelt und natürlich vor allem von meiner Oma.

Meine Oma lag dieses Mal fast nur im Bett und ich umsorgte und pflegte sie in der ganzen Zeit. Als ich wieder nach Deutschland fuhr, da die Schule wieder anging ging es ihr etwas besser und sie sagte, dass sie sich schon auf meinen nächsten Besuch freut. Dazu sollte es leider nie kommen. Es muss Winteranfang gewesen sein, ich kann mich so gut erinnern da an diesem Tag der erst Schnee des Jahres gefallen war, bekamen wir den Anruf, dass sie verstorben war.

Etwa ein halbes Jahr später verkündete meine Mutter, dass wir zurück nach Polen ziehen werden. Nicht irgendwann, sondern mitten im Schuljahr. Ich war gerade 16 Jahre alt, mir fehlten noch drei Jahre zum Abitur, die Leistungskurse waren gewählt und schon ein Umzug in Deutschland wäre da schwierig geworden, meine Freunde waren geschockt. Eine aus meiner Stufe war sogar für die bei Verwandten eingezogen, damit sie wegen in der Oberstufe nicht wechseln muss.

Was sollte aus meinen Plänen werden. Ich wollte studieren, irgendwas womit man später viel Geld verdient um nicht abends putzen gehen zu müssen wie meine Mutter.

Alles in mir wehrte sich dagegen gegen die Idee meiner Mutter zurück nach Polen zu gehen mit Händen und Füßen zu wehren. Die Eltern meiner besten Freundin gingen mit mir mit zum Jugendamt um alles in die Wege zu leiten das ich bleiben konnte. Allein hätte ich das nicht geschafft. Meine Schwester konnte mich erstmal mit in ihre WG nehmen. Meine Mutter ging trotzdem.

Ich zog in die WG, musste Schülerbafoeg beantragen und kämpfte mich alleine bis zum Abitur. In dieser Zeit war meine erste Verliebtheit, die daraus resultierende erste große Enttäuschung und die Sehnsucht nach Geborgenheit. Meine einzige Erinnerung in Verbindung mit diesem Wort war das Haus meiner Großmutter in Polen, der Duft nach selbstgebackenen Rührkuchen, den Feldern und Wiesen hinterm Garten. Es roch nach Glücklich sein und Geborgenheit. Ja, da wollte ich hin. Meine Mutter ermutigte mich dazu, da sie mittlerweile das Haus Ihrer Mutter bewohnte. Sie war eh gegen meine Pläne zu studieren und ich solle doch erst mal herkommen. Ich freute mich sogar auf sie, war sie doch nun der verbliebene Rest meine Familie.

Als ich „zu Hause“ in Polen aus dem Transferbus ausstieg und vor dem Haus meiner Großmutter stand, welches ich schon 3 Jahre nicht mehr betreten hatte wurde mir mulmig. Der Duft war fast der gleiche wie früher. Es sollte jedoch anders sein als ich es noch in Deutschland in Erinnerung und erträumt hatte. Dennoch hatte ich den Ehrgeiz behalten mich an der Uni einzuschreiben, um zu studieren. Die Ernüchterung kam jedoch schnell. Mit meinen wenigen Brocken polnisch und dem deutschen Abschluss nahm mich erstmal keine Uni auf. Ich musste erst ein entsprechendes Sprachzertifikat einreichen. Gut, sagte ich mir, dann muss ich das eben machen. Meine Mutter lachte mich aus. Wozu ich das denn bräuchte – ich würde eh bald heiraten und Kinder kriegen. Ich solle doch Anschluss an Gleichaltrige suchen, dann würde ich die Sprache ganz von alleine lernen. So einfach war das gar nicht wie sie sich das vorstellte. Die Mädchen in meinem Alter tuschelten wenn ich vorbei ging. Als auf Drängen meiner Mutter meine Cousine mich mitnahm, bekam ich mit meinen wenigen Brocken polnisch mit, dass es nur darum ging wer sich welchen Jungen angelt und wie dessen Eltern wirtschaftlich gestellt waren. Jetzt war ich öfter dabei, wenn die Clique um meine Cousine sich traf, ich glaube, die sollten mich mitnehmen. Aber ich fand die Gespräche langweilig. Es ging um Rezepte, Vorstellungen wie ein Mann sein soll (arbeitsam und nicht trinkend), sogar Hochzeitsplanung. Obwohl die Mädchen Clique im Schnitt etwas jünger war, kam ich mir uralt und sehr fremd vor. Die Mädels auf der Schule hatten auch über Jungen gesprochen, aber es gab auch Debatten über Politik oder Themen, über die man im Unterricht gesprochen hat. Und Zukunftspläne, die nicht ausschließlich heiraten und Kinder kriegen waren.

Ich kann nicht sagen, ob meine Mutter mit Absicht die Suche verhindert hat, aber sie half mir nicht, eine Intensivtraining zu finanzieren und die Schule wäre auch zu weit weg. Sie schien ihre Nachforschungen nach feschen jungen Männern aus dem Bekanntenkreis zu intensivieren und wollte, dass ich bei diesen Treffen mit ihren Freundinnen und deren Söhnen servierte, Konversation und offensichtlich einen guten Eindruck machen sollte. Für das was ich sagte oder ins Gespräch bringen wollten, die Sprachschule, die Uni, ein Mofa, um überall hin zu kommen, blieb sie taub. Sie war aber unzufrieden mit mir und meinen sozialen Kontakten. Mit den Jungen sprach ich wie mit den Mädchen, den Jungs war es peinlich, wenn ich mich neben sie in den Hof stellte, die Mädchen fanden mich seltsam, weil ich nicht kochen konnte und es auch nicht lernen wollte. Offensichtlich war ich für sie ein Problem, weil ich so komische Ideen habe. Wenn ich heute zurückdenke, kann ich nicht verstehen, warum mir keiner geholfen hat.

Nachdem ich ein gutes Jahr lang in Polen nicht weiterkam, fasste ich den Entschluss zurück nach Deutschland zu gehen. Mein zu Hause, Polen, dort wo ich mich so geborgen fühlte, gab es nicht mehr so wie ich es in meiner Erinnerung hatte – alles war anders. Es war wohl doch nicht zuhause, obwohl ich das immer gedacht hatte und mich als die Polin in Deutschland gefühlt hat.

Ich bewarb mich an einigen Hochschulen und wurde dann auch an einer genommen: Medien- und Kulturwissenschaften. Über das Studentenwerk bekam ich ein Zimmer in einer WG vermittelt und fasste wieder Hoffnung, dass mein Traum von einem tollen Leben mit genug Einkommen eines Tages wahr würde. Schon schnell stellte ich fest, dass ich noch neben dem Studium arbeiten musste um über die Runden zu kommen. Ich war jedoch motiviert. Auf meine Kommilitonen war ich immer neidisch, da sie oft am Wochenende heimfuhren oder hin und wieder Geld von ihren Eltern zugesteckt bekommen haben. Sie hatten auch bessere Zensuren und ich hinkte im Studienfortschritt immer weiter hinterher. Am Anfang fuhr ich noch Weihnachten zu meiner Mutter nach Polen. Das Geld für die Fahrt musste ich mir ansparen. Dort angekommen kamen nur Fragen wann ich denn endlich heirate und Kinder bekomme. Alle fragten das dort. Im vierten Jahr beschloss ich nicht mehr zu fahren. Ich hatte immer noch nicht meinen Bachelor in der Tasche und hatte keine Lust auf die üblichen Vorwürfe und Nachfragen.

Ich musste dann nochmal die Uni wechseln, weil ich eine Prüfung dreimal nicht bestanden habe. Zum Glück hatte ich noch meine beiden Nebenjobs, manchmal auch noch einen weiteren, um mich über Wasser zu halten. Bafög bekam ich schon länger nicht mehr und Arbeitslosengeld natürlich auch nicht. Im zweiten Anlauf hab ich den Bachelor geschafft, aber ich hab in dem Bereich nie gearbeitet. Da muss ich mich nochmal beim Jobcenter schlau machen.

Ich habe diverse Honorarjobs über Wasser – und das nun schon seit über 10 Jahren. Vielleicht ist das mein großes Talent, zu überleben. Aber es ist auch ein Kampf und anstrengend. Es hätte auch anders kommen können, meine Kommilitonen haben es geschafft, die hatte irgendwie immer Hilfe durch ihre Familien. Bis heute kommen bohrende Fragen und besorgte Nachfragen von Tanten und Anverwandten, für die meisten bin ich längst zu alt zum Heiraten. Und Karriere habe ich auch nicht gemacht. Ich bin für mein polnisches Umfeld ein Sorgenkind. Eine Frau mit Problemen, weil sie keinen Mann halten kann und unglücklich muss ich auch sein denn ich bin ja kinderlos. In Deutschland bin auch ein Sonderfall, erst ewiger Student, dann ewig jobben, keine soziale Absicherung, Leben am Rand und Bangen bis zur nächsten Miete. Viele soziale Kontakte sind eingeschlafen, die meisten sind in Vororte gezogen, haben eigene Familien, besuchen Veranstaltungen oder fahren gemeinsam weg. Da muss eben nicht jeder Cent umgedreht werden und dann gehört man auch irgendwo da nicht mehr dazu. Vielleicht habe ich gelernt zu überleben, aber leben muss noch anders sein, es müsste so sein, dass man irgendwo dazu gehört, Ähnlichkeiten mit den anderen hat. Wäre ich nur in Polen aufgewachsen, wäre ich verheiratet und würde das auch normal finden, weil ich nichts anderes kennen würde. Manchmal wünsche ich mir das sogar. Wäre ich ein rein deutsches Kind, wäre ich nie aus dem Bildungssystem gerissen worden und ewig nebenher jobben müssen, dann wäre ich auch fertig und wäre vielleicht noch eingebunden in den alten Freundeskreis aus der Uni oder hätte Freunde über den Kollegenkreis. So fühle ich mich meist wie ein Fremdkörper und meine soziales Umfeld ist auf nur zwei Freunde geschrumpft, mit denen ich ab und an mal etwas unternehme.

Rebecca

Ich bin nach der fünften Klasse mit meinen Eltern ausgewandert, nach Puebla, da sind viele deutsche Firmen, wo mein Vater (eigentlich: Stiefvater) gearbeitet hat.

Mein Start in Mexiko im schulischen Bereich war denkbar schlecht: die Humboldtschule war voll mit sehr reichen, sehr verzogenen Kindern. Ein Schulwechsel wäre angebracht gewesen, aber meine Eltern wollen unbedingt in Deutschland anerkannt. Meine absolute Einsamkeit hat ein Ende, als ich mich anderen jungen Leuten anschließen kann, die zwar im Schnitt älter sind, aber die Zeitung lesen und sich für Kultur, Kunst und Zeitgeschehen interessieren. Ich soll jetzt eine Fernschule machen.

Als ich etwa 15 war und ich auch einige Aufenthalte als Gast in Deutschland hinter mir hatte, stand für mich fest und ich äußerte mich dementsprechend klar: nach Deutschland gehe ich nicht zurück. Die Antwort war immer gleich verächtlich: ich hätte das deutsche Abitur zu machen und sei außerdem zum geplanten Rückkehrzeitpunkt noch minderjährig, ich käme mit und basta. Ich solle mir solche Wahnvorstellungen aus dem Kopf schlagen. Schließlich könne man mich als Minderjährige auch zwingen.

Viele junge Leute aus meiner Clique hatten damals die Schule nicht beendet und besuchten das staatliche Erwachsenenbildungssystem, ich interessierte mich brennend dafür und stellte eines Abends – mit Ankündigung – den Eltern meinen Plan vor: ich wollte mich immatrikulieren und binnen 2 Jahren sowohl die Sekundar- als auch die Oberstufe fertig machen und mich dann an der Uni für Journalismus einschreiben, mit 24 wäre ich schon fertig, ich bräuchte nur ihre Unterstützung für die Schulgebühren. Den Plan hatte ich natürlich vorher mit Freunden besprochen, auch die Mütter der Freunde hatte ich einbezogen. Schließlich wussten die, wie das alles funktioniert, was machbar ist und welche Schule/Uni gerade einen guten Ruf hat usw. Die Mütter meiner Freunde waren von mir, meiner Entschlossenheit und meinem Lerneifer begeistert. Oft wurde ich den eigenen Kindern als Vorbild dargestellt, gerne auch mit positiv Vorurteilen wie „deutsch" ich sei, also zielbewusst, organisiert, strukturiert, zuverlässig. Die Freunde mussten sich von ihren Müttern einiges anhören. Die Wertschätzung meiner Person war in meinem Umfeld, eben auch von Älteren, eben auch von Erwachsenen, sehr groß. Meine Eltern hingegen stempelten mich wieder ab, als sei ich ein Kindergartenkind, das verkündet, Astronaut werden zu wollen. Das Geld für die Schule geben sie mir nicht, ich werde nur verlacht. Außerdem hätte ich meine deutsche Fernschule weiter zu absolvieren - ohne deutschen Abschluss hätte ich keine Zukunft. Schlussendlich schlagen sie vor, ich solle arbeiten und so das Geld für die Schule verdienen. Mein soziales Umfeld, die Freunde ebenso wie deren Mütter sind geschockt. Die Haltung der Eltern wird als völlig absurd wahrgenommen, man schüttelt den Kopf über sie. Später erfahre ich durch Zufall, dass meine in Deutschland lebenden Großeltern gar nichts von der Doppelbeschulung wissen. Man hatte einfach vergessen, dass ich nun zwei Schulen auf einmal besuche, für die Eltern existierte die erbrachte Leistung einfach nicht.

Die Spaltung unserer Welt war vollzogen, was mir und meinem Umfeld wichtig, zielführend und wichtig war, wurde im Elternhaus ins Lächerliche gezogen. Das Gerede vom deutschen Schulabschluss war mir völlig egal, es gab Ärger wegen der Clique, die deutlich älter war als ich. Als beratende Instanz und verlässlicher, erwachsener Interaktionspartner fallen die Eltern komplett aus, ich halte mich viel an die Eltern meiner Freunde und deren ältere Cousins und Geschwister, die schon studieren. Zuhause sehe ich mich zwei Erwachsenen gegenüber, die meine Zukunftsvision und Studienpläne für absurd, kindisch und unrealistisch hielten. Letztendlich löst sich mein Schulgelddilemma, als die Mutter meines ersten Freundes dieses zahlt.

Der Kontakt zu anderen Deutschen war nicht gegeben, ich sprach nur selten Deutsch. Trotzdem fällt einigen Freunden der Eltern auf, dass etwas komisch läuft. Einige versuchen gar, mich allein abzupassen, um mit mir zu reden. Offensichtlich war anderen (deutschen) Erwachsenen die komplette Entfremdung nicht entgangen, aber ich blogge diese Gespräche ab.

Als die angedrohte Verschleppung nach Deutschland naht, heirate ich meinen langjährigen Freund, dessen Mutter auch die Schule bezahlt hat, werde trotz ernster Probleme in der Beziehung im ersten Jahr schwanger und lasse mich von den Eltern nach Deutschland locken. Man wolle mir helfen, stünde mir bei. In einem Moment geistiger Umnachtung stimme ich zu. Aber der Wunsch nach Familie war wohl in der Zeit stark ausgeprägt - das müssen wohl die Hormone gewesen sein. Ein dauerhafter Verbleib in Deutschland war von mir niemals geplant. In Deutschland angekommen, ist überhaupt nicht mehr die Rede von sich kümmern. Raus, raus aus der Wohnung der Eltern, Termin beim Sozialamt (was ist das?), wichtig für die Eltern ist nur: keine finanzielle Verpflichtung und das ich trotzdem auf deren Steuerkarte bin, zwecks Abgreifen von steuerlichen Vorteilen: Steuerklasse, Kinderbaugeld und Kindergeld (was ich aber ausgezahlt bekomme).

Mein Sohn Pascal ist geboren. Ich bin 20. Ich bin eingesperrt in einem asozialen Wohnhaus. Deutlich bekomme ich mit, dass ich jetzt zur Unterschicht gehöre, ich bin arm, ohne Freunde oder Bekannte und bekomme deutlich zu spüren wie man über „junge Mütter" denkt. Aus der Oberschicht, als geachteter Mensch mit vielen sozialen Kontakten und einer vielversprechenden Zukunft lande ich in der Unterschicht, ein Agieren ist in keiner Richtung möglich, die soziale Isolierung ist komplett, die Spielregeln komplett anders. Arbeiten will ich und so schnell wie möglich weg hier. Ich könnte an der Tankstelle anfange, aber als ich recherchiere, falle ich fast um: das kann ich mir nicht leisten, das Arbeiten. Wo bin ich hier gelandet?

Meine ganz normalen Ansprüche sind in dieser Gesellschaft offensichtlich nicht realisierbar, offensichtlich nicht normal. Die Angebote für „junge Mütter" sind nichts für mich. Junge Leute, die ich intellektuell interessant finde, habe in ihrem sozialen Umfeld keinen Platz für jemanden mit Kind. Das ist uncool. Kinder gehören in diesem Land nicht dazu, auch das macht mir klar, wie fremd ich hier bin. Aus Verzweiflung und Langeweile und in der Hoffnung, die Eltern würden dann endlich Vernunft annehmen und mich in Puebla studieren lassen, mache ich sogar noch das Abitur am Abendgymnasium; an eine Rückkehr ohne Abschluss oder Erspartes ist nicht zu denken, denn: wie soll ich uns zu Hause ernähren? Ich bin gefangen in Tatsachen, auf die ich mich so nie eingelassen hätte. Die Falle schnappt zu, meine Schulabschlüsse werden nicht anerkannt. Die Eltern fühlen sich bestätigt, die Phantastin sieht ja jetzt, wie Recht sie hatten.

Auch der Abschluss an der Abendschule nutzt mir nichts, ich werde verlacht mit meinen Zukunftsplänen. Ich werde vom Amt nach einer „Beratung“ in eine Maßnahme (Kauffrau mit Schwerpunkt FiBu) eingeschrieben.

Dann geschieht ein Wunder (fast). Eine andere erwachsene Bezugsperson, die neue Ehepartnerin meines biologischen Vaters, Ines, erkennt die Absurdität meiner Lage, u. a., dass ein Beruf mit Buchhaltung und im Büro völlig ungeeignet für mich ist und fragt, was ich denn wirklich gerne machen würde. Ich kann kaum glauben, dass mich jemand fragt! Kommunikationswissenschaften (Ciencias de Comunicacíon) möchte ich studieren. An der „Bene“ in Puebla, die ist zwar staatlich, aber gerade deshalb sind die wirklichen Idealisten da. Hier ginge es nicht, ich kann mir absolut nicht vorstellen, freiwillig einen Plan zu fassen, der mich an Deutschland bindet. Hier ist die Vorhölle für mich, füge ich in Gedanke hinzu. Ines nickt, das mit der Uni höre sich vernünftig an, Journalismus passe zu mir. Außerdem studieren ja zu dem Zeitpunkt einige meiner Freude oder deren Geschwister (noch) da. Ich falle fast vom Stuhl. Ines erscheint mir als der erste vernünftige Erwachsene, der mir seit meiner Zwangsauswanderung begegnet. Sie nötigt meinen biologischen Vater zu einem Anruf bei meiner Mutter. Man bügelt ihn mit den bekannten Argumenten: kindisch, unreif, lächerlich, zu gefährlich, ab. Besonders beliebt der Satz: „Da kann man doch nicht leben, das sind Hirngespinste.“ Dabei lebten zu dem Zeitpunkt alle Personen, die mir wichtig sind, dort. Sind die auf einmal unsichtbar oder vom Erdboden verschluckt? Und ich war wohl genauso unsichtbar. Der Satz ist für mich völlig widersinnig. Ines hat als Stiefmutter nichts zu sagen.

Die Ausbildung ist furchtbar, ein Auffanglager für Orientierungslose und Studienabbrecher, gefördert vom Arbeitsamt. Ich kann mir nichts Schlimmeres vorstellen, als in diesem Beruf zu arbeiten. Jegliche Lebensfreude oder positive Zukunftsvision ist mir genommen. Nur vergeudete Jahre. Die Ausbildung ist zweijährig, auch nach dem ersten Jahr kann man mit einem Abschlusszeugnis abgehen, denn aus dem Auffangbecken geht, wer kann. Manche finden eine vernünftige Ausbildungsstelle. Ich finde auch einen Beruf, der mir gefällt, sammele Informationen. Die ausbildende Diakonie will mich unbedingt, ich telefoniere und fahre hin (es ist ein anderes Bundesland), die Ausbildung kann wegen der Vorbildung auf zwei Jahre verkürzt werden, und - das Beste - es gibt eine Übernahmegarantie, einen unbefristeten Arbeitsvertrag, das ist doch was Wert in Deutschland, das wollen doch alle, oder? Sollte es doch noch einen Platz für mich in Deutschland geben? Es gibt zweimal Blockunterricht mit Wohnen im Wohnheim der Diakonie, bei denen Pascal dann zwei Monate bei den Großeltern wohnen müsste. Ich kündige wieder Redebedarf bei meiner Mutter an, fühle mich zeitversetzt zu einem anderen Gespräch vor vielen Jahren und unterbreite den Plan mit der Ausbildung, preise die garantierte Übernahme an und frage nach Kinderbetreuung während des Blockunterrichts, die einzige Unterstützung, die ich brauche. Und erhalte ein Absage. Das wäre ein völlig absurde, eine für mich typische Schwachsinnsidee und es sei auch unmöglich, das Enkelkind zu betreuen, das könne ich mir mal gleich aus dem Kopf schlagen, wie ich mir das überhaupt vorstelle usw. usw. Von diesem Gespräch erhole ich mich tagelang nicht, bleibe im Bett und starre an die Wand. Einschlafen wird unmöglich und bleibt es auch die nächsten zwanzig Jahre. Zu unerträglich der Gedanke an den nächsten Tag. Nur Alkohol hilft.

Damit ist die letzte Möglichkeit, Zukunft selbst zu gestalten, weg. Es beginnt ein freudloses Existieren, der Beruf passt nicht zu mir, ich ecke an, ohne zu wollen und leide jeden Tag als müsste ich in Schuhen rumlaufen, die drücken. Die Familientreffen werden zum Spießrutenlauf der Demütigungen, ich kriege es wieder nicht hin, die anderen würden schon irgendwie Recht haben, wenn sie mich ablehnten und bestimmt mache ich was falsch, suche einen Grund „nicht richtig zu arbeiten". Was ich auch sage, es wird per se abgetan als Spinnerei.

Im Finanzmaklerbüro, wo ich arbeite, sehe ich, wie durch systematische Fehlberatung Leute übers Ohr gehauen werden. Ich will da weg, ich bitte um Hilfe, man solle doch im Bekanntenkreis mal rumfragen nach Jobs im Büro. Aber das passiert niemals, diesen Versager kann man keinem empfehlen. Was ich da rede, dass könne „man ja alles nicht nachvollziehen, das bilde ich mir mit Sicherheit ein". Es ist gleichgültig, was ich sage, es ist auch egal wie es mir geht. Wahrscheinlich war es das immer schon und ich konnte es immer nicht glauben. Ich bin halt nicht ganz gescheit, „sowas passiert in Deutschland nicht", das seien Hirngespinste von mir. Erst als die Immobilienblase platzt und viele Leute Geld verlieren „könnte ja was dran gewesen sein". Hilfe erhalte ich nie, dafür: teure Geschenke, auch Geld, aber nie regelmäßig. Auch die familiäre Rollenübertragung und selbstgebastelte Dauerbegründung „schwarzes Schaf" sind eigentlich eine Frechheit, ich habe als 11-jähriges Kind zwar Ja zum Auswandern gesagt, aber später als junger Erwachsener genauso klar und deutlich, dass ich nun in Puebla bleiben und leben will.

Die generelle Einstellung der Eltern hat sich nie geändert und wurde so anderen auch angetragen: unfähiger Chaot mit idiotischen Einfällen. Die eigenen Aktionen:

Auswandern ohne jegliche Gedanken über meine Situation dabei, Herlocken unter der Prämisse „wir helfen dir", Verweigerung jeglicher echter Hilfe werden nie hinterfragt. Ein Berufsberater auf dem Arbeitsamt hat sich ganz zu Anfang in Deutschland mal alles angehört, was ich so wollte und schon gemacht hatte und sagte: „Sie sind für dieses System verdorben." Damals war ich beleidigt, heute denke ich: der Mann hatte einen Geistesblitz.

In meinem Fall ergeben sich jahrelange Belastung durch einen verhassten Beruf, die persönliche Missachtung seitens der Familie, kein Freundeskreis und das komplette Fehlen von Großeltern als Bezugspersonen. Es war ein einsames, freudloses Leben und das völlig grundlos: ich hatte ein Zuhause, einen guten Plan für die Zukunft und stabile soziale Bindungen. Warum ich nicht einfach gegangen bin? Ohne Studium und ohne finanzielle Sicherheit war mir die Unsicherheit mit Kind zu groß. Ich bin raus. Aber hier bin ich auch nicht. Ich bin einfach innen tot.

Bezüglich meines Sohnes bin ich einen anderen Weg gegangen. Um ihm sämtliche Zerrissenheit zu ersparen, habe ich die erträumte Rückkehr immer weiter verschoben. Erst waren die Kindergartenjahre wichtig, dann der Übergang in die weiterführende Schule, später die Oberstufe. Eins habe ich bedingungslos getan: seine eigenen Ideen zur Berufswahl unterstützt und gegen die Großeltern verteidigt, obwohl ich mir selbst etwas anderes für ihn gewünscht hätte. Also habe ich das Gegenteil vom dem getan, was ich erlebt habe.

Ich selbst wurde behandelt wie ein Gepäckstück. Man nimmt es mit und dann zurück und danach soll es ganz normal in der ihm fremden Gesellschaft funktionieren.

Eigene Bedürfnisse hat das Gepäckstück nicht zu haben, eigene Gedanken sind zu verhöhnen, Hilfe hat es nicht zu benötigen und wenn es klemmt, ist das Gepäckstücke eben defekt.

LITERATURVERZEICHNIS

Albert, Prof. Dr. Mathias, Hurrelmann, Prof. Dr. Klaus, Quenzel, Dr. Gudrun, TNS Infratest Sozialforschung (Konzeption & Koordination), 16. Shell Jugendstudie, Jugend 2010, S. Fischer Verlag GmbH, Frankfurt/M. 2010

Akbaş, Melda, So wie ich will: Mein Leben zwischen Moschee und Minirock, Goldmann, München 2011

Boeree, PHD C. George, Persönlichkeitstheorien: Erik Erikson (1902-1994), Shippensburg University, USA 1997, http://www.social-psychology.de/do/PT_erikson.pdf, zuletzt aufgerufen 15.03.2020

Borrmann, Verena, Missionarskinder als „Third Culture Kids" bei ihrer Rückkehr in deutsche Schulen – Problemlagen und Hilfestellungen für den Übergang, Wissenschaftliche Hausarbeit für das Lehramt an Grund- und Hauptschulen, Pädagogische Hochschule Ludwigsburg 2005

Dorfmüller-Karpusa, Käthi, Kinder zwischen zwei Kulturen: soziolinguistische Aspekte der Bikulturalität, Deutscher Universitätsverlag, Wiesbaden 1993

Durt, Dr. Mariana, Erziehungswissenschaft Gymnasium-Gesamtschule NRW, Abitur Skript, Stark Verlag GmbH, o.A. 2016

Ehrensperger, Nadja, Identitätsbildung zwischen zwei Kulturen: Einfluss zweier Kulturen auf die Identitätsbildung von Jugendlichen, Bachelor Thesis in Sozialer Arbeit, FH Nordwestschweiz, Hochschule für Soziale Arbeit HSA, Olten 2018

Erdogan-Kartaloglu, Nursel, Berufswahl: Sozialisation und Identität bei türkischstämmigen weiblichen Jugendlichen. Ansätze einer Lebenswelt- und Ressourcenorientierten Sozialen Arbeit, Diplomica Verlag GmbH, Hamburg 2010

Erikson, Erik H., Das Problem der Ich-Identität (Aufsatz 1956), in: Erikson, Erik H., Identität und Lebenszyklus, Seite 123-212, Suhrkamp, Frankfurt/M. 1966

Erikson, Erik H., Ich Entwicklung und geschichtlicher Wandel (Aufsatz 1946), in: Erikson, Erik H., Identität und Lebenszyklus, Seite 11-54, Suhrkamp, Frankfurt/M. 1966

Erikson, Erik H., Wachstum und Krisen der gesunden Persönlichkeit (Aufsatz 1950), in: Erikson, Erik H., Identität und Lebenszyklus, Seite 55-122, Suhrkamp, Frankfurt/M. 1966

Gelitz, Christiane, Tapetenwechsel für die Psyche, in: Spektrum Magazin 03.04.2018, https://www.spektrum.de/magazin/wie-ein-auslandsaufenthalt-die-persoenlichkeit-veraendert/1549587, zuletzt aufgerufen 17.03.2020

Hamayan, Else, (Bildnachweis) nach: http://esl.fis.edu/teachers/support/culture.htm, zuletzt aufgerufen 17.03.2020

Holl, Kezia, Third Culture Kids – Zur Reintegration im Ausland aufgewachsener deutscher Schülerinnen und Schüler, Wissenschaftliche Hausarbeit zur ersten Staatsprüfung für das Lehramt an Realschulen, Pädagogische Hochschule Schwäbisch Gmünd 2006

Krappmann, Lothar, Soziologische Dimensionen der Identität: Strukturelle Bedingungen für die Teilnahme an Interaktionsprozessen, Ernst Klett Verlag, Stuttgart 1972

Kroger, Jane, Marcia, James E., The Identity Statuses: Origins, Meaning, and Interpretations, Tromsø 2011, in: S.J. Schwartz et al. (eds.), Handbook of Identity Theory and Research, DOI 10.1007/978-1-4419-7988-9_2, © Springer Science + Business Media, LLC 2011, https://de.scribd.com/document/ 414815709/Kroger-Marcia-2011, zuletzt aufgerufen 15.03.2020

McMillan, D. W., & Chavis, D. M. (1986). Sense of community: A definition and theory. *Journal of Community Psychology,* *14*(1), 6–23, https://psycnet.apa.org/record/1987-03834-001, zuletzt aufgerufen 17.03.2020

Mitic, Sandra, Postmigratorische psychosoziale und psychosomatische Adaption von polnischen Kindern und Jugendlichen, Inaugural-Dissertation an der hohen Medizinischen Fakultät der Ruhr-Universität Bochum, 1998, https://hss-opus.ub.ruhr-uni-bochum.de/opus4/frontdoor/index/index/year/ 2019/docId/3926, zuletzt aufgerufen 17.03.2020

Mitzscherlich, Dr. Beate, „Heimat ist etwas, was ich mache": Eine psychologische Untersuchung zum individuellen Prozess von Beheimatung, Münchener Studien zur Kultur und Sozialpsychologie Bd. 9, Centaurus-Verlagsgesellschaft mbH, Pfaffenweiler 1997

Pollock, David C., Reken, Ruth E. van, Pflüger, Georg, Third Culture Kids: Aufwachsen in mehreren Kulturen, Verlag der Francke-Buchhandlungen GmbH, Marburg an der Lahn 2003

Rai, Bali, (un)arranged marriage, Corgi Books, London 2001

Ross, Catherine E., Mirowsky, John, The Sense of Personal Control: Social Structural Causes and Emotional Consequences, in: Aneshensel, Carol S., Phelan, Jo C., Bierman, Alex (Hrsg.), Handbook of the Sociology of Mental Health, Chapter 19, o.A., https://books.google.de/books?id= cmCtUtljlQYC&pg=PA379&lpg=PA379&dq=The+sense+of+personal+control+is+the+belief+that+you+can+and+do+mas-ter,+control,+and+shape+ your+own+life.+Its+opposite+is+the+sense+of+personal+powerlessness.& source=bl&ots=zQaDbok_Zk&sig=ACfU3U2wRWd9PXvA0bCS-08aVxY1 C4oddQ&hl=de&sa=X&ved=2ahUKEwiXh8zhyojoAhWQ66QKHUu1Ciw Q6 AEwAnoE-CAkQAQ#v=onepage&q&f=false, zuletzt aufgerufen 17.03. 2020

Schnelle, Jana, Third Culture Kids: Rückkehr in die Fremde? Das Leben in der dritten Kultur, Beiträge zur Politikwissenschaft, Schriftenreihe des Institutes für Politikwissenschaft der Universität Siegen, Band 6, Scientia Bonnesis, Bonn 2008

Thiele, Alexandra, Kinder und Jugendliche mit Migrationshintergrund in der Kinder- und Jugendpsychiatrie: Eine vergleichende Patientenaktenanalyse zur Sondierung von Differenzen in der Pathogenese, Ätiologie und psychiatrischen Versorgung von Kindern und Jugendlichen mit bzw. ohne Migrationshintergrund, genehmigte Dissertation an der Fakultät I – Geisteswissenschaften der TU Berlin, 2012, https://depositonce.tu-berlin.de/bitstream/ 11303/3434/1/Dokument_3.pdf, zuletzt aufgerufen 17.03.2020

Weichselbraun, Michael, Soziale Zwischenwelten: Selbstverortung jugendlicher Migranten und die Sichtweisen ausgewählter Experten, Wissenschaftliche Beiträge aus dem Tectum Verlag: Reihe: Psychologie, Bd. 23, Tectum Verlag, Marburg 2011

QUELLENVERWEISE

[1]https://www.spiegel.de/karriere/auswanderer-zurueck-in-deutschland-so-gelingt-der-neustart-mit-ueber-60-a-cefda2f2-74e1-41ff-9d63-3959b67b8bb1

[2] Gelitz, Christiane, Tapetenwechsel für die Psyche, in: Spektrum Magazin 03.04.2018, https://www.spektrum.de/magazin/wie-ein-auslandsaufenthalt-die-persoenlichkeit-veraendert/1549587, zuletzt aufgerufen 17.03.2020

[3] Rai, Bali, (un)arranged marriage, Corgi Books, London 2001

[4]Mitic, Sandra, Postmigratorische psychosoziale und psychosomatische Adaption von polnischen Kindern und Jugendlichen, Inaugural-Dissertation an der hohen Medizinischen Fakultät der Ruhr-Universität Bochum, 1998, https://hss-opus.ub.ruhr-uni-bochum.de/opus4/frontdoor/index/index/year/2019/docId/3926, zuletzt aufgerufen 17.03.2020

[5] a.a.O. S. 89

[6] a.a.O. S. 87

[7] a.a.O. S. 88

[8] ebd.

[9] Thiele, Alexandra, Kinder und Jugendliche mit Migrationshintergrund in der Kinder- und Jugendpsychiatrie: Eine vergleichende Patientenaktenanalyse zur Sondierung von Differenzen in der Pathogenese, Ätiologie und psychiatrischen Versorgung von Kindern und Jugendlichen mit bzw. oh-ne Migrationshintergrund, genehmigte Dissertation an der Fakultät I – Geisteswissenschaften der TU Berlin, 2012, https://depositonce.tu-berlin.de/bitstream/11303/3434/1/Dokument_3.pdf, zuletzt aufgerufen 17.03.2020

[10] a.a.O. S. 56

[11] Durt, Dr. Mariana, Erziehungswissenschaft Gymnasium-Gesamtschule NRW, Abitur Skript, Stark Verlag GmbH, o.A. 2016, S. 24ff.

[12] Durt, S. 39f.

[13] Durt, S. 42

[14] a.a.O. S. 40

[15] a.a.O. S. 43

[16] Durt, S. 40

[17] Boeree, PHD C. George, Persönlichkeitstheorien: Erik Erikson (1902-1994), Shippensburg University, USA 1997, http://www.social-psychology.de/do/PT_erikson.pdf, zuletzt aufgerufen 15.03.2020, S. 3ff.
[18] Erikson, Erik H., Das Problem der Ich-Identität (Aufsatz 1956), in: Erikson, Erik H., Identität und Lebenszyklus, Seite 123-212, Suhrkamp, Frankfurt/M. 1966, s. 147ff.
[19] Boeree, S. 3f.
[20] a.a.O. S. 12ff.
[21] ebd.
[22] https://de.wikipedia.org/wiki/Erik_H._Erikson
[23] Erikson, Erik H., Ich Entwicklung und geschichtlicher Wandel (Aufsatz 1946), in: Erikson, Erik H., Identität und Lebenszyklus, Seite 11-54, Suhrkamp, Frankfurt/M. 1966, S. 43
[24] a.a.O. S. 56
[25] Erikson, Erik H., Wachstum und Krisen der gesunden Persönlichkeit (Aufsatz 1950), in: Erikson, Erik H., Identität und Lebenszyklus, Seite 55-122, Suhrkamp, Frankfurt/M. 1966, S. 107
[26] a.a.O. S. 109
[27] Erikson 1956, S. 144f.
[28] a.a.O. S. 138
[29] Kroger, Jane, Marcia, James E., The Identity Statuses: Origins, Meaning, and Interpretations, Tromsø 2011, in: S.J. Schwartz et al. (eds.), Handbook of Identity Theory and Research, DOI 10.1007/978-1-4419-7988-9_2, © Springer Science+Business Media, LLC 2011, https://de.scribd.com/document/414815709/ Kroger-Marcia-2011, zuletzt aufgerufen 15.03.2020, S. 31ff.
[30] a.a.O. S. 34f.
[31] ebd.
[32] ebd.
[33] ebd.
[34] a.a.O. S. 36ff.
[35] Erikson zitiert nach Kroger/Marcia, S. 33f.
[36] a.a.O. S. 34
[37] Erikson 1956, S. 124
[38] Dorfmüller-Karpusa, Käthi, Kinder zwischen zwei Kulturen: soziolinguistische Aspekte der Bikulturalität, Deutscher Universitätsverlag, Wiesbaden 1993, S. 32
[39] a.a.O. S. 15

[40] Elias, Norbert, Über den Prozess der Zivilisation, Suhrkamp, Frankfurt/M. 1969, zitiert nach Dorfmüller-Karpusa, S. 15
[41] Dorfmüller-Karpusa, S. 18
[42] a.a.O. S. 19
[43] Erdogan-Kartaloglu, S. 37
[44] a.a.O. S. 38
[45] ebd.
[46] Nitschke, zitiert nach: Hettlage-Varjas, A., Hettlage, R., Kulturelle Zwischenwelten: Fremdarbeiter-eine Ethnie? In: Schweizerische Zeitschrift für Soziologie, Heft 10, S. 357-404, o.A. 1984, S. 360, in: Weichselbraun, Michael, Soziale Zwischenwelten: Selbstverortung jugendlicher Migranten und die Sichtweisen ausgewählter Experten, Wissenschaftliche Beiträge aus dem Tectum Verlag: Reihe: Psychologie Bd. 23, Tectum Verlag, Marburg 2011, S. 38
[47] Weichselbraun, S. 36
[48] ebd.
[49] a.a.O. S. 48
[50] a.a.O. S. 47f.
[51] a.a.O. S. 44
[52] ebd.
[53] Fürstenau/Niedrig, Diskurs Kindheits- und Jugendforschung, Heft 3, 2007, S. 249, zitiert nach Weichselbraun, S.45
[54] Pollock, David C., Reken, Ruth E. van, Pflüger, Georg, Third Culture Kids: Aufwachsen in mehreren Kulturen, Verlag der Francke-Buchhandlungen GmbH, Marburg an der Lahn 2003
[55] a.a.O. S. 51
[56] a.a.O. S. 43
[57] a.a.O. S. 40
[58] a.a.O. S. 52
[59] a.a.O. S. 137ff.
[60] a.a.O. S. 164ff.
[61] Dorfmüller-Karpusa, S. 229
[62] ebd.
[63] ebd.
[64] Pollock et all., S. 47
[65] a.a.O. S. 164
[66] a.a.O. S. 161
[67] a.a.O. S. 163
[68] a.a.O. S. 66ff.
[69] ebd.

[70] ebd.
[71] ebd.
[72] a.a.O. S. 280
[73] a.a.O. S. 71
[74] a.a.O. S. 67ff.
[75] a.a.O. S. 68
[76] a.a.O. S. 301
[77] Dorfmüller-Karpusa, S. 29
[78] ebd.
[79] ebd.
[80] Pollock et all., S. 361, Betroffenenzitat
[81] a.a.O. S. 31ff.
[82] a.a.O. S. 40
[83] Dorfmüller-Karpusa, S. 16
[84] Weichselbraun, S. 38
[85] Pollock et. all, S. 25
[86] a.a.O. S. 51
[87] Rai, Bali, (un)arranged marriage, Corgi Books, London 2001, S. 108
[88] Albert, Prof. Dr. Mathias, Hurrelmann, Prof. Dr. Klaus, Quenzel, Dr. Gudrun, TNS Infratest Sozialforschung (Konzeption & Koordination), 16. Shell Jugendstudie, Jugend 2010, S. Fischer Verlag GmbH, Frankfurt/M. 2010, S. 227
[89] Weichselbraun, S. 38
[90] Pollock et all., S. 53
[91] Hamayan, Else, (Bildnachweis) nach: http://esl.fis.edu/teachers/support/culture.htm, zuletzt aufgerufen 17.03.2020
[92] Hofstätter, Peter R., Einführung in die Sozialpsychologie, Kröner, Stuttgart 1973, zitiert nach: Dorfmüller-Karpusa, S. 30
[93] Erikson, S.107
[94] a.a.O. S.109
[95] Pollock et all., S. 137
[96] Mitzscherlich, Beate, Heimat ist etwas, was ich mache! Tagungsbeitrag 2004, Westsächsische Hochschule Zwickau, (Dokument online nicht mehr auffindbar), zitiert nach: Schnelle, Jana, Third Culture Kids: Rückkehr in die Fremde? Das Leben in der dritten Kultur, Beiträge zur Politikwissenschaft, Schriftenreihe des Institutes für Politikwissenschaft der Universität Siegen, Band 6, Scientia Bonnesis, Bonn 2008, S. 15

[97] Mitzscherlich, S. 55ff.
[98] a.a.O. S. 88
[99] a.a.O. S. 210
[100] a.a.O. S. 214
[101] a.a.O. S. 214
[102] ebd.
[103] a.a.O. S. 183ff.
[104] McMillan, D. W., & Chavis, D. M. (1986). Sense of community: A definition and theory. *Journal of Community Psychology, 14*(1), 6–23, https://psycnet.apa.org/record/1987-03834-001, zuletzt aufgerufen 17.03.2020
[105] https://www.idag-gmbh.de/glossar/kohaerenzgefuehl-sense-of-coherence, zuletzt aufgerufen 17.03.2020
[106] vgl. Franke, 2010, https://www.idag-gmbh.de/glossar/kohaerenzgefuehl-sense-of-coherence
[107] Ross, Catherine E., Mirowsky, John, The Sense of Personal Control: Social Structural Causes and Emotional Consequences, in: Aneshensel, Carol S., Phelan, Jo C., Bierman, Alex (Hrsg.), Handbook of the Sociology of Mental Health, Chapter 19, o.A., https://books.google.de/books?id=cmCtUtljlQYC&pg=PA379&lpg =PA379&dq=The+sense+of+personal+control+ is+the+belief+that+you+can+and+do+mas-ter,+control,+and+ shape+your+ own+life.+Its+opposite+is+the+sense+of+personal+powerlessness. & source=bl&ots=zQaDbok_Zk&sig=ACfU3U2wRWd9PXvA0bCS-08aVxY1 C4oddQ&hl=de&sa=X&ved=2ahUKEwiXh8zhyojoAhWQ 66QKHUu1Ciw Q6 AEwAnoECAkQAQ#v=onepage&q&f=false, zuletzt aufgerufen 17.03. 2020, S. 379
[108] Mitzscherlich, S. 138
[109] a.a.O. S. 228
[110] Eriksen 1956, S. 144
[111] Eriksen 1946, S. 43
[112] Pollock et all, S. 83
[113] Rai, S. 67
[114] a.a.O. S. 108
[115] a.a.O. S. 260
[116] a.a.O. S. 108
[117] a.a.O. S. 149
[118] a.a.O. S. 18
[119] a.a.O. S. 90

[120] a.a.O. S. 22
[121] a.a.O. S. 248
[122] a.a.O. S. 250
[123] a.a.O. S. 33
[124] a.a.O. S. 16ff.
[125] a.a.O. S. 55
[126] a.a.O. S. 27
[127] Pollock, S. 65
[128] ebd.
[129] ebd.
[130] Mitzscherlich, S. 183
[131] ebd.
[132] a.a.O. S. 184
[133] a.a.O. S. 186
[134] a.a.O. S. 189
[135] a.a.O. S. 186
[136] ebd.
[137] a.a.O. S. 189
[138] a.a.O. S. 185
[139] a.a.O. S. 188
[140] a.a.O. S. 184
[141] a.a.O. S. 189
[142] a.a.O. S. 185
[143] a.a.O. S. 189
[144] a.a.O. S. 184
[145] a.a.O. 187
[146] Mitzscherlich, S. 212
[147] a.a.O. S. 214
[148] ebd.
[149] a.a.O. S. 189
[150] Erikson 1950, S. 57
[151] Mitzscherlich, S. 115ff.
[152] Pollock et all., S. 172
[153] ebd.
[154] a.a.O. S. 141
[155] Kroger/Marcia, S. 6
[156] Kroger/Marcia, S. 6
[157] http://www.balirai.co.uk/biography, zuletzt aufgerufen 17.03.2020
[158] Pollock et all, S. 65
[159] Mitzscherlich, S. 189

[160] ebd.
[161] a.a.O. S. 188
[162] a.a.O. S. 190
[163] ebd.
[164] a.a.O. S. 186
[165] Pollock et all., S. 356
[166] a.a.O. S. 355
[167] a.a.O. S. 360
[168] Erikson 1956, S. 137
[169] Pollock et all., S. 347ff.
[170] a.a.O. S. 169
[171] ebd.
[172] a.a.O. S. 169
[173] Erikson, zitiert nach: Kroger/Marcia, S. 4
[174] Erikson 1946, S. 59
[175] Thiele, S. 56
[176] Erikson 1956, S. 124
[177] Pollock et all., S. 65
[178] a.a.O. S. 350
[179] a.a.O. S. 167
[180] a.a.O. S. 287
[181] Pollock et all., S. 287
[182] a.a.O. S. 257
[183] a.a.O. S. 283
[184] Durt, S. 39f.
[185] Erikson 1946, S. 43
[186] Pollock et all., S. 289